张卉妍 编著

沟通心理学

吉林出版集团股份有限公司

版权所有　侵权必究

图书在版编目（CIP）数据

沟通心理学/张卉妍编著.--长春：吉林出版集团股份有限公司，2019.1
ISBN 978-7-5581-2489-1

Ⅰ.①沟… Ⅱ.①张… Ⅲ.①人际关系学-社会心理学-通俗读物 Ⅳ.① C912.11-49

中国版本图书馆 CIP 数据核字（2019）第 008957 号

GOUTONG XINLIXUE
沟通心理学

| 编　　著：张卉妍
| 出版策划：孙　昶
| 项目统筹：郝秋月
| 责任编辑：刘　洋
| 装帧设计：韩立强
| 封面供图：摄图网
| 出　　版：吉林出版集团股份有限公司
| 　　　　　（长春市人民大街 4646 号，邮政编码：130021）
| 发　　行：吉林出版集团译文图书经营有限公司
| 　　　　　（http://shop34896900.taobao.com）
| 电　　话：总编办 0431-85656961　营销部 0431-85671728 / 85671730
| 印　　刷：天津海德伟业印务有限公司
| 开　　本：880mm×1230mm　1/32
| 印　　张：8
| 字　　数：165 千字
| 版　　次：2019 年 1 月第 1 版
| 印　　次：2019 年 1 月第 1 次印刷
| 书　　号：ISBN 978-7-5581-2489-1
| 定　　价：38.00 元

印装错误请与承印厂联系　电话：022-82638777

前言 PREFACE

在今天这样的信息时代，人们的文化视野、交际视野开阔了，有越来越多的场合需要公开地发表意见、用语言来打动别人。自我推荐、介绍产品、主持会议、商务谈判、交流经验、鼓励员工、化解矛盾、探讨学问、接洽事务、交换信息、传授技艺，还有交际应酬、传递情感和娱乐消遣都离不开沟通。另外，看一个人是否有能力，这些能力能否表现出来，在很大程度上取决于他是否会与人沟通。因此，沟通就成了衡量一个人是否有能力的重要标准之一。

在一些交流场合，尤其是在一些比较正式的场合，经常会碰到一些涉及尖锐问题的提问，这些提问既不能直接、具体地回答，又不能不回答。这时候，说话者就可以巧妙地用模糊语言表达自己的意见，让对方和自己在都不感到尴尬的同时又对彼此的心思心领神会。双方发生矛盾后，肯定谁的心里都不痛快，很容易失态。把话说绝了，痛快也只能是一时的，而受伤害的是双方长远的关系。所以，即使有了再大的矛盾，我们都应该及时沟通，且不能把话说绝。否则，在我们的生命中只能留下深深的遗憾。

说话的根本目的就在于表达和沟通。一个懂得沟通技巧的人，遇见陌生人时，知道如何说话能跟对方达成一种"一见如故"的默契；和同事共事时，知道如何说话能得到大家的欢迎；拜访客户时，知道如何沟通能赢得客户的心，从而决定购买自己的产品；再如跟恋人或朋友说话时，知道怎样给对方带来乐趣，加深彼此间的感情……而那些不懂得沟通或者不屑于沟通的人，不能与别人进行有效的对话，不仅会错失良机，也很难在事业上有出人头地的发展，若出言不当还会立刻四面楚歌。

摸清对方心理去进行沟通是一件既容易又很不容易的事。说容易，是因为我们每个人都会说话，都知道沟通的时候要把话说到人的心里，从而达到自己的目的；说不容易，是因为把握别人的心理很难，而且绝大多数时候说话是即时的，容不得你仔细考虑。

本书深入地阐述了我们在谈话过程中遇到难题时应该采取怎样的沟通方式，并有针对性地提出了一些切实可行的方法。读者通过本书能轻松提高自己的说话能力，在错综复杂的人际关系中应付自如，轻松应对生活中的各种场景，赢得友谊、爱情和事业，从而踏上辉煌的成功之路。

目录

第一章 灵活开场，一开口就赢得对方的心

第一次见面就打开人心扉的开场白 / 2

三言两语，给陌生人最好的第一印象 / 6

沟通伊始，恰当地称呼他人很重要 / 9

开场白要注重场合 / 11

面对不太熟的异性朋友，如何开口是关键 / 14

与"重要人物"见面，说话时阵脚不可乱 / 16

开场白贵在真诚，拒绝过度寒暄 / 18

用流行语为你的开场添姿着色 / 22

说话要有针对性 / 24

第二章 柔软对话，优雅而高效地实现目的

想说场面话先要学会客套 / 32

抓准说场面话的时机 / 36

没话也要找话说，营造热络的气氛 / 38

场面话要有情感共鸣点 / 41

分清别人说的场面话 / 43
公众场合的致词要得体 / 45
引起亲切感的场面话 / 48
给别人面子就是给自己面子 / 50
说话要有准确性 / 51

第三章 巧妙征服，精彩的演讲能"收买"人心

提前做好充分的准备，当众演讲不慌乱 / 56
第一句话就充满悬念，抓住听众的好奇心 / 59
当众演讲的话要有根有据 / 63
适量的实例和数据让演讲更真实 / 65
当众演讲要有独特的风格 / 68
简短的演讲要主题明确 / 70
即兴演讲要会的机智妙语 / 72
让结尾回味无穷 / 76
说话要有感染力 / 79

第四章 攻心有术，用正确的钥匙打开心门上的锁

示弱的话让你赢得别人的同情 / 84
贬低自己，让人先从心理上松懈 / 87
面对品行不端之人，更不能说得罪人的话 / 89
言语上让人一步，行动上先人一步 / 92

当让则让：得势饶人会说顺情话 / 95
抢先认错，让对方从另一面肯定你 / 98
藏锋露拙，"示弱"比"示强"更讨人喜欢 / 100
说话要有修养 / 103

第五章　巧设玄机，让对方无法回避你的提问

做足功课，提前摊牌 / 108
反复催问，不给对方拖延之机 / 111
巧妙引导：藏在对方需求里的劝说术 / 113
层层剥笋有术，步步紧逼有方 / 115
头脑博弈：策略性问题揣测端倪 / 117
看透对方心理，掌握谈话主动权 / 120
故意褒贬，吹毛求疵有玄机 / 122
谈判必杀技：将反诘进行到底 / 125

第六章　雅量容忍，给他人台阶就是给自己后路

给人留情面，不要咄咄逼人 / 130
有了分歧，切忌跟人发生正面冲突 / 132
学会尊重，私底下指出别人的缺点 / 134
用谦虚的态度和人说话 / 137
宽容让心灵自由飞翔 / 139
不要一味地指责别人 / 143

宽容别人就是宽容自己 / 147

适可而止，凡事都给自己留条退路 / 153

第七章　委婉拒绝，让人有尊严地收回不情之请

敢于说"不"，但不要使人感到别扭 / 156

委婉拒绝，通过暗示来说"不" / 159

"拖"，拒绝别人的有效方式 / 163

先抑后扬，让对方在宽慰中接受拒绝 / 166

贬低自己，降低对方期望值 / 169

利用幽默拒绝，让对方愉快接受 / 171

迂回拒绝，让对方理解并接受 / 176

说话要有互通性 / 180

第八章　言笑得当，留心规避社交禁忌语

言行一致，说话不要口是心非 / 186

别人的短处不要随意谈论 / 188

当心，说话无礼招人烦 / 189

广结人缘，不在背后诋毁他人 / 192

有错就要及时道歉 / 194

少发牢骚，别把自己弄成"怨妇" / 196

谦卑，铲除人际交往中的有害病症 / 198

及早逃离苦恼的是非之地 / 200

第九章 幽默表达，不知不觉摆脱僵局

言语多点幽默，让话语变有趣 / 204

善用调侃，让自己获得好人缘 / 208

将幽默融入意见中去 / 210

拿自己开玩笑 / 211

用幽默巧解纠纷 / 214

让幽默为你的友谊添彩 / 216

出其不意，用幽默制胜 / 217

幽默的魅力 / 219

第十章 迂回说服，让对方心甘情愿帮助你

未雨绸缪胜过临时抱佛脚 / 222

求人帮助前，说别人认同的话 / 224

软话更容易催人行动 / 227

求助时，话语中要避免过于功利 / 230

暗中智取，让他人无法拒绝 / 232

迂回委婉地说出你的需求 / 234

关键语句让对方点头同意 / 240

获得帮助后，不要吝于说感恩的话 / 243

第一章 灵活开场,一开口就赢得对方的心

第一次见面就打开人心扉的开场白

顾名思义,开场白开得不好就等于白开场。人与人见面讲究第一印象,俗话说:"好的开始是成功的一半。"就是说开场白非常重要。

俄国大文学家高尔基说:"最难的是开场白,就是第一句话,如同在音乐上一样,全曲的音调,都是它给予的。平常却又得花好长时间去寻找。"高尔基的这段话包含两层意思:第一,第一句话至关重要,它的作用如同音乐的"定调",规定着"全曲"的基本面貌和基本风格。第二,适当的第一句话不是那么容易找到的,它是长期积累和斟酌钻研的结果。

开场白应达到三大目的:一是拉近距离;二是建立信任;三是引起兴趣。而这三点之中,最重要的就是第一点。只有与对方的距离拉近了,才能顺利地与对方建立信任,引起对方的兴趣。不要小看这短短的开场白,它将决定此后你所说的每一句话的命运。听者将根据你给他留下的第一印象来决定是否耐心并真诚地聆听你后面所说的话。因此,只有以其新颖、奇趣或敏慧之美让对方走进你的话语世界,才能吸引对方的注意力,从而为接下来要说的话搭梯架桥。

开场白虽然没有千篇一律的固定格式,但是你却可以根据具体的情况去选择合理模式设计一个开场白。

1. 问句开场白

一些有经验的演讲者都会选择在演讲开始的时候先提出一个问题，使听众按照他的思路去思考问题，同时产生一种想知道答案的欲望，听众的精力自然就集中了。我们讲开场白的时候也可以效仿这些演讲者，以问句作为开始。这样就可以立刻抓住对方的注意力，让对方紧跟你的话语本身，无法逃脱你话语的"魔掌"。

但有一点要注意的是，我们提出的问题要恰到好处，不宜过多，达到抛砖引玉的目的即可，否则只会适得其反。

2. 以小故事作为开场白

为开场白准备的小故事，可以是寓言，也可以是引人发笑的小笑话，但一定要做到吸引对方且与自己的话题相关。

引人发笑的故事本身就具备引起人兴趣的魔力，如果运用得当，将是非常好的开场白。但是，如果你没有幽默的天赋，以一副严肃的面孔讲幽默故事，是收不到预期效果的；如果对方听不懂你的幽默，效果将更加糟糕。

大多数情况下，只要这个小故事有具体的时间、地点、人物与故事情节，并且与你要讲的主要内容相契合，那么这个小故事就已经合格，具备吸引对方的特征。

3. 赞美式的开场白

人人需要赞美，人人也都喜欢赞美。因此，当你讲开场白的时候，就可以用上这一招。对听者家乡的自然风光、悠久历史、传统风貌等表示自己的敬佩之意，或对当地人的善良勤劳由衷地赞颂，这样可以引发对方的自豪感，满足其自尊心，从而获得对方的共鸣，拉近你们彼此之间的距离。

顾林爱写作，脑子总是处于"工作"状态，尽琢磨些写文章的事，显得很深沉。在一次会议上，某君对顾林说道："你的口才棒极了，上次那个联欢会，你的唐诗朗诵很有中央人民广播电台著名播音员的风采啊！"顾林听了这样的话，备受鼓舞，对此君感到特别亲切，两个人虽然是第一次见面，但很快就成了无话不谈的朋友。

4. 以感激作为开场白

贝尔那·科第埃是"空中汽车"制造公司的著名销售专家。当他被推荐到"空中汽车"公司时，面临的第一项挑战就是向印度销售空客飞机。这是件棘手的任务，因为这笔交易在印度政府初审时并未被批准，能否重新寻找到成功的机会，全靠销售员的谈判本领了。

作为特派的谈判专家，科第埃深知肩上的重任，他稍做准备就飞赴新德里。接待他的是印航主席拉尔少将。科第埃到印度后，对他的谈判对手讲的第一句话是："正因为您，我有了机会在生日这一天又回到了我的出生地。"

这是一句非常得体的开场白，它简明扼要，但内涵却极为丰富。它表达了好几层意思，感谢主人慷慨赐予的机会，让他在自己生日这个值得纪念的日子来到这个国家,而且富有意义的是,这里是他的出生地。这个开场白拉近了科第埃与拉尔少将的距离。不用说,科第埃的印度之行取得了成功。

5. 引用名言警句的开场白

一般来说,名人都是大家耳熟能详的,并且具有某种权威。许多人对名人都会产生一种崇拜。所以,开始进行对话的时候,不妨引用名人名言作为自己的开场白。这样,你的整段话自然而然会产生一种吸引力,引发对方的兴趣。

6. 借助物品讲开场白

俗话说"口说无凭",如果在你进行谈话时,还有一件物品作为陪衬的话,那么你的这段话语就更具说服力。

有一次,卡耐基在一所学校发表演讲,他别出心裁地拿出几根头发展示给听众。接着卡耐基问听众:"你们都知道头发是长在头上的,但这几根为什么掉下来了呢?"一句话就吸引了听众的注意力,开始专心致志地等待卡耐基的演讲。卡耐基接着说:"这就是烦恼的作用。如此乌黑的头发长在头上是多么漂亮,可是它却无可奈何地离开了养育它的'土地'。我们为什么要烦恼呢?"

卡耐基仅仅用了几根头发,就给他的听众留下了深刻的印象。

因此,用物品作为开场白的辅助工具是有一定作用的。但是要注意的是,一定要找与你的话题内容相关,有助于你表达的物品。

三言两语，给陌生人最好的第一印象

第一印象在人际交往中有着极为重要的意义，因此，我们要想方设法地给对方留下一个美好的第一印象。

当你来到一个陌生的环境，与素不相识的人初次见面，必定会给对方留下某种印象。这就是我们通常所说的"第一印象"。从第一印象所获得的主要是关于对方的表情、姿态、仪表、服饰、语言、眼神等方面的印象。它虽然零碎、肤浅，却非常重要。因为，在先入为主的心理影响下，第一印象往往能对人的认知产生关键作用。研究表明，初次见面的最初4分钟，是印象形成的关键期。

那么，怎样才能给他人留下美好的第一印象呢？从根本上说，它离不开提高自己的文明程度和修养水平，离不开进行经常的心理锻炼。心理学家提出下面几条建议：

第一，千万别表现出咄咄逼人的气势。

和陌生人初次见面的时候，一定要表现得谦和一点儿，低调一点儿。

有个叫李佳的年轻姑娘，为了搞一项奥运会竞猜活动去一家企业联系赞助事宜，刚进门就看到一位影视明星坐在那里。李佳跟主人没说几句，这位明星就开始插嘴，大发议论，结果给李佳和同去的人留下很坏的印象。

第二，尽早弄清对方的名字。

一般情况下，即将见什么人，你自己是比较清楚的。在这种情况下一定要准备好，别的可以不知道，对方的名字一定要弄清楚。我们经常在电影或者电视里看到高级领导人面对一群士兵，居然能叫出其中几个人的名字。这样一来，他给士兵的第一印象就一定是正面的。对我们一般人来讲也是如此。如果你见到一个人，能叫出对方的名字，人家一定是非常高兴的，高兴的背后则是一种正面的印象。

第三，脸上常带微笑。

很多人都知道，眼睛是心灵的窗户；微笑的核心是眼睛，真正的微笑会通过眼睛到达心灵。发自内心的微笑不但会给他人留下美好的印象，还会让自己显得风度翩翩、魅力十足。与之相反，还有这样一种人，他们不论何时见到谁，总是面沉似水。要知道，人与人交往本是高兴的事情，谁也不愿意给自己找不痛快。如果你总是心绪不佳，那么你注定不会给他人留下什么好印象。

第四，请用眼神沟通。

与陌生人第一次见面，特别是与异性第一次见面，千万不要总是盯着人家不放，否则很容易让人产生误解。不论是第一次见面，还是第二次、第三次，与他人面对面交谈，应该用眼神平视对方，也就是用眼神说话，这样会给对方留下十分真诚的印象。

第五，杜绝无用动作。

当你与别人见面时，一定要集中注意力，不要有什么小动作。如果你一边跟别人说话,一边做着各种各样的小动作,诸如搔首弄姿、整理衣服,那说明你对别人缺少起码的尊重。如果真的有什么急事,需要打电话或者发短信,可以事先告诉对方,说一声"不好意思"。相信对方一定会理解这一点。

第六,保持积极态度。

你与人交谈时的态度是可以说明很多问题的。谈论"第一印象"的人都强调拥有正确态度的重要性,可是很少有人真正明白,积极态度对一个人的第一印象意味着什么。即使在特殊的情况下,你的积极态度也会对周围的人产生良好的影响。遇事冷静而不烦躁会给你加分。如果与你说话的人自始至终保持一种积极向上的态度,那么你也会觉得好感大增、信心百倍。

第七,主动跟对方打招呼。

俗话说:"一回生,二回熟。"对于陌生人来说,当你先开口跟对方打招呼时,也就意味着你将其置于一个较高的位置。以谦恭热情的态度去对待对方,一定能叩开交际的大门。如果你能用自信真诚的目光正视对方的眼睛,会给对方留下深刻的印象。

第八,报姓名时略加说明。

记忆术中有一种被称为"记忆联合"的方法,这是一种把一件事与其他事联系在一起的记忆方法。初次见面的人利用这种方法可以加深他人对你的印象。比如你姓张,便可说:"我姓张,张飞的张,不是文章的章。"这样加以说明,对方会认可你的幽默风趣,也会更容易记住你。

第九，注意自己的表情。

人心灵深处的想法都会形之于外，在表情上显露无遗。一般人在到达见面的场所时，往往只注意"领带正不正""头发乱不乱"等着装打扮方面的问题，却忽略了"表情"的重要性。如果你想给他人留下美好的第一印象，在见面之前不妨照照镜子，审慎地检查一下自己的面部表情是否跟平时不一样，如果过于紧张的话，最好先冲着镜中的自己笑一笑。

在这里需要提醒的是，万事万物贵在坚持，当你真正地坚持下去时，一定会发现意外的惊喜。

沟通伊始，恰当地称呼他人很重要

沟通伊始，恰当地称呼别人十分重要，一个恰当的称呼可以叫到别人的心坎里，让别人更容易接受你；而不恰当的称呼则可能让别人的心里不舒服，进而影响接下来的交往。

在社交中，称呼是必不可少的。在职场交往中，人们对称呼是否恰当十分敏感。尤其是初次交往，称呼往往影响交际的效果。有时因称呼不当会使交际双方发生感情上的障碍。不同时代、不同国家、不同地区、不同社会集团之间都有不同的称呼，但也有共同的称呼，如，太太、小姐、女士、先生。因此，你必须懂得恰当地称呼别人，这样别人才会感到舒服，进而增进双方的感情。

有一位善于交际的朋友，在很多场合都能结识很多新人。他是怎么做的呢？对比自己小的年轻人，他总是很亲切地直呼其名，并以亲如兄长般的态度赢得小弟、小妹们的尊敬与喜爱。即使在他住院期间，他也能与医务人员打成一片。他曾说："与人交往中，首先要学会恰当地称呼别人，这样才能使人对你产生好印象。"

事实确实如此，就拿找人来说，你如果说："喂，总经理在哪里？"被问的人肯定不会理你。如果你礼貌地说："你好，请问王总去哪儿了？"那他则会很高兴地指点给你。

此外，在交往中，称呼还要合乎常规，要照顾到被称呼者的个人习惯，同时，还要注意入乡随俗。而根据场合，又可以分为工作中的称呼和生活中的称呼两种，在具体实践中各有不同。

在日常生活中，称呼应当亲切、自然、准确、合理。

在工作岗位上，人们彼此之间的称呼是有其特殊性的，应当庄重、正式、规范。

在工作中，最常用的称呼方法，就是以交往对象的职务相称，以强调其特殊身份及自己的敬意。比如："陈总（经理）""王处长"等。

对于有职称者，尤其是具有高级、中级职称者，可以在工作中直接以其职称相称，如"侯教授""张工（程师）"等。而以头衔作为称呼，则能增加被称呼者的权威性，更加有助于增强现场的学术气氛，如"陈博士"等。

使用称呼还要注意主次关系及年龄特点。如果对多人称呼，应以先长后幼、先上后下、先疏后亲的顺序为宜。如在宴请宾客时，一般要按女士、先生、朋友们的顺序称呼。使用称呼时还要考虑心理因素。

用客气称呼的目的是使对方感到愉快。在有些场合，如果你适当地喊出对方的名字，更会使人感到亲切愉快。

开场白要注重场合

说话要因人因事而异，在不同的场合，开场白要根据不同的人和事来说，只有这样，你的开场白才不会引起别人的反感，才能使得你的话题顺利地进行下去。

现代社会中，人与人之间的交流日益频繁，相互了解、彼此合作都需要用语言来表达。如果你说话随便，不看场合，说出不合时宜的话，就会造成难堪，甚至会伤害别人。

老王是一位工作了几十年的老教师，他工作勤勤恳恳、任劳任怨。退休那天，学校为他和另一位曾多次荣获"先进"的老同志一并举行了一次欢送会。与会同志和领导对他们的工作和为人进行了得体的肯定和赞扬，相比之下，对那位曾多次荣获"先进"的老同志的美誉显得多了一些。当轮到两位退休老同志致答谢词的时候,他们对大家的赞誉做了深情的感谢。一时间,会场里充满了令人动情的温馨气氛。然而,老王却并未就此打住,而是做了颇为欠妥的发挥:"说到先进,很遗憾,我从来也没有得过一次……"话音还未落,坐在他对面、平日与他相处得不是很融洽的一位青年教师突然抢了话头:"不,都是我们不好,不是因为你没资格当先进,是因为我们没有提你的名。"冷不防被人将了一军,老王一时语塞,会场被一种尴尬的气氛包围。一位领导见势不对,马上接过话茬儿,想把气氛缓和一下。按照常理,这个时候他应避开"先进"这个敏感的话题,转而谈论其他事情。然而,他却反反复复劝慰老王对"先进"的问题不要太在意,说没有评过先进,并不等于不够先进,先进不仅在名义,更要看事实,等等。一席话,把本应避而不谈的话题又做了重复和引申,使局面显得更为尴尬。

这个故事说明,开场白不仅要看对象,还要注意场合。

小王是一家保险公司的业务员,工作一年多了,他每个季度的业绩都排在最后一位,无论怎么努力都无济于事。有一天,小王向主管求教,于是主管让他带着自己一起去找客户。他们来到了一处高级社区,小王敲开一扇门,开门的是个家庭主妇。

小王向对方推荐人身财产保险:"太太,您丈夫是个整天飞来飞去的生意人,俗话说人有旦夕祸福,天灾人祸是躲不过的,买这个意外伤害保险可以让您免除后顾之忧,即使您丈夫出了事,也会有大笔的赔偿金。"

"你这个人怎么这么说话呢？！"主妇颇有些恼怒地说，"你简直是在诅咒我的丈夫！请你出去，我不买什么保险！"主管目睹这一切后，对小王语重心长地说："你触犯了人家的忌讳，当然不可能推销成功。"后来，主管带着小王来到另一家，迎接他们的仍然是位家庭主妇。主管并没有马上谈及保险的事情，而是和那位主妇随意地聊天，在聊到一家之主的时候，主管"无意"中说起最近常发生的空难，感叹人生无常。这话题引起了主妇的共鸣，感叹那些失去亲人家庭的不幸。主管说："虽然失去亲人的痛苦是用金钱弥补不了的，可是钱至少能让人心里有一点儿安慰，我也是个经常在外面跑的人，所以买了保险，希望能在万一出事的时候，让家人不至于因为我的意外影响了正常生活，即使我真的出事了，心里也多少有点儿安慰。"主管的话让主妇心里很有感触，她表示，每次丈夫外出自己都很担心。不等主管提出买保险的事，这个主妇就主动要为全家人购买保险。

这笔生意做成之后，主管告诉小王，要根据不同的对象说不同的话，话要投机，否则不仅做不成生意，还很容易得罪他人。

在不同的场合，面对着不同的人、不同的事，从不同的目的出发，就应该用不同的方式说出不同的开场白，这样才能顺利进行下面的话题，收到理想的谈话效果。否则，你再能言善辩，别人不买你的账也是白搭。

面对不太熟的异性朋友，如何开口是关键

异性之间的交往应该尽量大大方方，或是用一句"你好"，或是用一个微笑来开始相互之间的谈话。

很多人因为内向的性格，总不能主动地去交朋友。只做交往的响应者，而不做交往的始动者，就比别人少了很多获取友情和爱情的机会。要知道，别人是没有理由无缘无故地对我们产生兴趣的。因此，要想摆脱"守株待兔"的境况，就必须学会主动与人交往。

在一个相互间并不熟悉的聚会上，你可能会发现，多数人都在等待别人主动打招呼，而不敢主动与不认识的异性接触，他们也许认为这样做是最稳妥也是最容易的。而余下的一小部分人则不然，他们通常会走到陌生异性跟前，一边伸手一边自我介绍。如果你恰巧是被"搭讪"的一位，这个时候，你一定会像他乡遇故知一样，对来者产生一种心理上的依赖，因为他是你此时此地唯一能够交谈的对象。你会自然而然地对与你说话的这位产生亲切感与好感，根本不会认为与别人主动接近是件难为情的事。所以，在与陌生或者不熟的异性交流之始，不要为"先开口"而害羞不已。被你接近的人一定不会对你"先开口"的举动投来异样的眼光，反而会对你主动的态度心存感激。

通常情况下，对于陌生异性来说，搭上第一句话是相当重要的。因此，首先要克服自卑感和怯场心理。你可以漫不经心

地说一些眼前存在的事实，用声音引起对方的注意。这一切要显得自然一些，如果对方开始注意，你就可以接上话茬儿，继续谈下去了。谈话的内容不要太深入，仅作为一般的聊天即可。这个时候，最忌讳心情紧张，一旦紧张，就会导致找不到话题、语无伦次。

当两个人谈得很投机的时候，便可以进入询问阶段，从而了解对方的观点、个人情况、家庭状况等，但一定不能刨根问底。要善于察言观色，一旦触及对方隐私和禁忌的话题，要及时岔开，从而保持愉快的交谈气氛。

在交谈过程中，最忌讳一问一答的谈话方式。谈话应该是两个人思想的交流，在了解对方的同时，开诚布公地向对方亮相。这种自我介绍，原则上要坦率、真诚。

如果在聊天的过程中彼此产生好感，交谈进入全面的、深入的了解阶段，并且能相互理解，那么就可以将话题转移到试探对方上面来，即给对方发出"信号"。这些信号多半含有爱的暗示，信号的表达最好不要太直白露骨，急于求成往往会把胆小的一方吓跑。这种信号发出，并不是立即能得到回音的，要允许对方长时间考虑，甚至在对你进行考验之后才能得出结论。

有些人总是抱怨世界上缺少真情，缺少爱。这个世界上从不缺乏孤独的男女，他们多半是因为不敢迈出交友的第一步，在交友中总是处于被动、消极的一方。

感情自然的流露，落落大方的交往，在沟通中不失常态就是同异性交往的最基本法则。掌握了这些法则，碰见异性就会不再拘谨，交往也会变得顺利。

与"重要人物"见面，说话时阵脚不可乱

重要人物也是人，与重要人物见面时，首先要克服羞怯畏惧的心理，说话的时候才能不自乱阵脚。

很多人都有这样的困扰——在生活或工作中遇上了名人、领导或者对自己有用的"重要人物"，心里十分想迅速接近他们，进行一场融洽的交谈，但始终找不到一个突破点，或者交流过程中总觉得非常僵硬。其实，与这些"重要人物"交流也有一定的技巧。"大人物"也是人，他们也有和平常人一样的感情世界。

所以，与这些重要人物交往，不要有羞怯畏惧的心理，只要真正表现你内心的意思，你就能与任何重要人物开口说话。这一点是与重要人物交往的最基本要领。当然，要想顺利地与这些人进行交谈的话，我们还需要对不同类型的重要人物进行了解与分析，做足准备工作。

1. 与名人说话

名人往往比寻常人有更多的成就，而且也有私人的嗜好。当你准备去拜访某位名流时，你可以预先做些谈话内容的准备。

遇到有名的作家、诗人、画家、音乐家等从事创作的人，

我们可以准备一些他们感兴趣的话题来与他们探讨，因为这类人往往有广泛的兴趣。他们在社交场合或许不活跃，但往往有启发人们思想的独到之处。你与他们讨论一些问题，可以让他们将独特的见解表达出来。与这些人交谈，必须耐心，不要轻易动怒，也不要太热切，要温和、冷静和体贴，就像应付任何敏感的人一样。

名气一般的名人，总是生活在情绪不稳定的状态中，内在的恐惧使他们脆弱敏感，稍有疏忽就会激怒他们，而且他们也容易傲慢。然而，他们绝对需要你的尊重和顺从。名气越小，对于亲切、尊重的需要也就越大。

对过气的名人，最好采取迂回的战术，即通过第三者来了解他。你的开场白应当是积极的。而类似于"这些日子以来您是如何打发时间的啊""我们很久没有见您在公众场合露面，您去哪儿了"，这些话等于当头泼他的冷水，是十分不可取的。

在多数情况下，与名人谈孩子是不会错的。从孩子入手，谈话就很好进行，但要注意话题不要扯得太远，要适可而止，更不要试图打探别人的隐私。

2. 与专业人士说话

在社交场合中，我们不宜向各种有地位的专业顾问要求提供免费的建议。即使你的问法很有技巧，那也是一种冒犯。你问得再有技巧也瞒不过专业的眼睛。各界专业顾问的工作便是向他们的客户出售商品，提供建议，我们应该在他们营业的时候征询各种建议。

与重要人物说话，最基本，也是最重要的是自然和真诚。有些人看到名人、大款等大人物、只是一味地说些奉承话和空话，这样是不能和对方交流愉快的。面对这些"重要人物"，你大可不必紧张，所谓的"重要人物"也像普通人一样，抵不过疲倦，也承受不住伤害。

开场白贵在真诚，拒绝过度寒暄

开场白的态度很重要。真诚的开场白会在无形中拉近彼此之间的距离，而过度的、不适当的寒暄则可能引起对方的反感，拉远彼此间的距离。

在"寒暄"这个词中，"寒"是寒冷的意思，"暄"是温暖的意思，合起来，就是问寒问暖。我们进行谈话的目的是沟通情感，增加双方的交流。初次见面，或朋友很久未见难免要寒暄几句，以示礼貌和关心。寒暄是交谈的润滑剂，它能在两个人的谈话之间架起一座友谊的桥梁、是人际交往中必不可少的一部分。

有时候，我们与人见面，往往陷入无话可说的尴尬场面。这时我们不妨以一些寒暄语为开头，比如"天气似乎热了点儿"或者"最近忙些什么呢"等。虽然这些寒暄语大部分并不重要，然而，正是这些话才使初次见面者免于尴尬的境地。以下几种方式可供参考。

可以从天气说起。愉悦的态度会给他人留下良好的第一印象。从无关的天气谈起容易拉近两人的距离。

可以询问对方的工作进展、身体状况等。例如：这一阵儿工作忙吗？快毕业了吧？

可以从对方的行为谈起。例如：看到对方下班，可以问一句："下班啦？"

寒暄可以视作是交谈的准备活动，作为"暖场"出现。适当的寒暄可以帮助我们拉近彼此间的距离。寒暄不宜过长，创造出交流的气氛即可。在开场白中，我们一定要避免过度的寒暄，以免对方因过多的客套话而觉得你对他不真诚，从而拉大与你的距离。

那么，怎样寒暄才能产生积极的效果呢？寒暄并没有什么固定的模式，可视具体的交谈对象和交谈环境而定。我们可大致归纳为几点：

1. 要保持积极姿态

在与别人相遇的瞬间，要迅速培养自己的愉快情绪，要争取主动，充分体现自己的良好愿望和真诚态度，要使对方感觉到你的问候是发自内心的，要使对方从你的言行反应中感觉到自己的存在，使其受人尊重的心理需要得到一定的满足。同时，积极的姿态也是富有自信、易于合作的外在体现，这有利于融洽人际关系。交谈时语调要和缓、声音要洪亮，要面带微笑。

2. 注意力要集中

在开场白中与人寒暄，要集中注意力，任何漫不经心的言行都会使对方感到被人轻视。

小刘与小乔是机关里同一科室的同事。一天，小乔夫妇逛商场巧遇小刘，小乔把丈夫小张介绍给小刘。短暂的握手介绍后，小刘本来想再谈几句以表示自己的友好态度，可小乔的丈夫却左顾右盼同小乔谈些闲话，将小刘"晾"在了一边。这使小刘感到很尴尬，心中很不愉快，觉得小张实在太没礼貌了，一下对小张失去了好感。假如小张在握手之后，再继续同小刘聊几句，小刘就不会有这种想法产生了。

3. 内容要适当

与陌生人见面后的4分钟内，最好做一般性的寒暄（如问候、互通姓名），谈论一些无关紧要的话题，应绝对避免使对方感到尴尬、触及对方隐痛、引发对方不愉快的回忆及易于引起争议的话题，也不可漫无边际。

小宁最近刚刚离婚，情绪很低落，下班途中遇到了同事小丽和她的丈夫。小丽的丈夫在小丽介绍完小宁后脱口说道："啊，你就是刚刚离婚的那个啊，这么好的人怎么你丈夫不珍惜呢？"本来小丽的丈夫是想夸赞小宁，但初次见面就触及痛处，让对方很是尴尬。

寒暄的内容还要根据对方的心情而定。比如对方家里刚发生不愉快的事，你从其面部表情上就可以分析出来，此时的开场白声音就不要太大，言语不要太热情，要低八度，或用询问式的语言，同时用安慰的语气来招呼。如果对方脸上喜气洋洋，你便可热情地开场，使对方感到温暖，进而展开话题。

男士和女士见面寒暄，言语可热情一些，但要适度，不能过分开玩笑，使对方感到你太轻薄。

寒暄言语的长短、内容的繁简、往复的次数要与交谈双方关系的亲密程度成正比。

4. 要注意场合、时间、季节

如果在公众场合经介绍结识新朋友，应有礼貌的寒暄，注意不要打扰周围的人，避免大声喧哗。过于夸张，大呼小叫，是一种无礼行为。此外，在比较正式的场合，言行举止不宜过于随便，更要注意不要用"口头语"。

在图书馆里，大家都在看书，室内很安静，有两个女青年一同走进来，迎面遇到了另一位女士，介绍结束，只听一位女士高声说："哈，原来她经常念叨的兰子就是你呀！今天才认识，你可真漂亮啊！"周围的人大都皱着眉头，投去厌恶的目光。可见这样的寒暄是多么不合适。

寒暄还要因地而异，不能千篇一律，只要稍加留意周围的环境，就可即席发挥。如在校园，可以说："您是去上课吗？"，或"下课了？"。在书店可以说："您也来买书吗？"还可从季节的角度来确定寒暄的内容，如："天很凉，感觉到冷吗？""您好，外面很冷吧！"这样的寒暄方式让初次见面的人感到热情、亲切、温暖。与众多陌生人打交道，不要只看着一位，而应面带微笑，眼睛环视大家，应带"你们""两（几）位"的字样，以免冷落其他人。

总之,初次见面,寒暄要适度,既要热情亲切,又不阿谀奉承,要做到温和有礼。这样,才能使对方乐于接近你,从而产生与你交往的愿望。

用流行语为你的开场添姿着色

开场白借助健康、富于生命力的"流行语",可以使你更潇洒地与人交谈,更顺利地办事。

在日常谈话、交往活动中,恰到好处地使用流行语可以起到多方面的作用。

1. 可丰富、更新自己的谈话色调

一个人的谈话色调既包括话题、语调、声音的选择,也指词句的筛选与锤炼。现实生活中,有些人与别人交谈时老是一种腔调,老运用一些自己重复多遍、陈旧蹩脚的词句、口头禅,毫无新鲜明朗的气息,给人的感觉是迂腐而沉闷,如鲁迅笔下的孔乙己,"之乎者也"不断;又像电视剧《编辑部的故事》中的牛大姐,官腔套话不离口。跟上时代的步伐,注意吸收、运用流行的词句,可以使自己的谈吐变得丰富多彩,永远保持谈话色调的生机、活力,使话语常讲常新。

2. 可沟通联系,赢得别人好感

愉快顺利的交谈活动，往往离不开流行语的使用。比如称呼别人，以前多是"师傅""同志"，现在多用"女士""先生""小姐"，这样更能增强谈话双方的亲近感、尊敬感，使交谈始终处于轻松自如的状态，不致因过于拘谨、正儿八经而影响沟通，引起别人反感。

3. 可调色逗趣，增添生活情趣

生活是五彩斑斓的万花筒，人们常在一起聊天、玩笑，少不了流行语的点缀。一位学生挤到一群同学堆里，发现一位女生新穿了一件连衣裙，故意惊呼道："哇！真3.14！"这3.14是圆周率π，与流行语"派"谐音，因此，立刻博得大家一阵欢心的大笑。

或许有人会问流行语是怎么来的？其实，流行语不是哪位名人或语言学家创造发明出来的，我们每个人都可以留心生活，留心别人的言谈，并借鉴发挥，推陈出新，启动灵感，随口说出。平时不妨从以下几个方面去搜集学习。

1. 从电视和电影里学

当代影视与人们的生活愈来愈贴近，不少精彩对白、主持人的即兴妙语、广告好词令人赞叹不绝，我们可以从中借鉴。比如有人劝朋友看一个展览："去看看吧，不看不知道，展览真奇妙！"显然这里仿用了"正大综艺"主持人的开场语。

2. 从流行歌曲中学

许多流行歌曲不但能唱出人们的真情、心声，而且歌词通俗，生活气息浓。某男士谈恋爱，刚接触对方，生怕对方看不中自己的外表，灵机一动，说道："我知道我很丑，可是我很温柔。"他妙用了赵传的一首歌名，很快赢得姑娘的好感。再如"我真的不是故意的""你知道我在等你吗"等，结合讲话的场合、语境、心境，信手拈来，适时穿插，一定情趣盎然。

3. 从报刊用语里学

如某报上曾有一篇题为《检察机关浑身是眼》的文章，某位善谈者巧借活用，与人评论小偷："他浑身是手，什么不偷？"提醒误入情网的朋友："别理她，她浑身是胶，粘住了，你还了得？"假如有人蒙受不白之冤，时过境迁，真假莫辨，多次申诉，也得不到解决，怎么跟人说？"嘿！你就是浑身是嘴，也说不清呀！"

说话要有针对性

说话首先要看对方年龄，与长辈说话和与晚辈说话的分寸就各不一样。

说话要有针对性，通俗一点儿说就是：到什么山唱什么歌。

人与人之间的差异有时是惊人的。独特的个性、爱好，独特的知识结构、心理态势，使某个人只能是"这样"而不能是"那样"。因此，与不同的人交谈，就要采取不同的谈话方式。

俗话说"看菜吃饭，量体裁衣"，见什么人说什么话。那么，是不是就要"曲意逢迎""逢场作戏"呢？可以说"是"，也可以说"不是"，可以庸俗化，歪曲为虚情假意，也可以实事求是，理解为灵活机动，具体问题需具体对待。

我们主张说话一定要看场合和对象，是为了遵循交际规律，在真诚待人、平等互利的基础上看准对象才说话，以科学的态度掌握人际交流的艺术。

说话首先要看对方的年龄，与长辈说话和与晚辈说话的分寸就各不一样。

长辈，特别是上了年纪的人，一大特点是喜欢追怀往事，如果能令他回想起曾经历过的某一段美好时光，他会变得很快乐，喜欢同你说话，而一旦打开话匣子，就会有说不完的话。在同年纪较大的长辈说话时，应避免过多地谈及"老"，这样会使他觉得自己行将就木，感叹人生短促，引发他的伤感情绪。如果遇到一位"不服老"的人，他将会对你产生不满。因此，与长辈说话，不应该像与平辈说话那样无所顾忌、不注意分寸。

与长辈谈话，也不必过分表示你的恭敬有礼，或者勉强自己一定要听完他的长谈。由于老年人一般讲话缓慢，有时碰上一位融洽的闲聊者便会滔滔不绝，话无止境。因此，听他讲多长时间应随自己的兴趣而定。不管他如何漫谈，可以让他讲完一个完整的故事，然后借机离开。离开前对他的谈话表示热情的感谢，再礼貌地告别。

有些长辈虽然年纪不小了，还能保持年轻人的心态，他们会以幽默克服自己的弱点，对于社会仍能事事关心，甚至完全不觉得自己老。

但也有不少长辈，在独处时会感到寂寞，有的还会因为老来多病而苦恼。对于他们，我们应该多给予关心，多讲一些安慰的话。想一想，总有一天我们也会像他们一样老去。唤起自己的同情之心，同长辈谈话的分寸也就好掌握了。

如果是跟晚辈说话，首先，不要摆老资格。经验这种东西绝非万能之物，如果老年人张口闭口就是"我当年如何如何……""你们年轻人该如何如何……"这样的话，相信没有哪个年轻人喜欢听。

长辈与晚辈相处，应多谈一些年轻人感兴趣的话题。所谓的经验，有时是有局限性的。此一时，彼一时，此一地，彼一地，环境千差万别，经验不可能永远万能。

此外，不要倚老卖老。有些老人在与晚辈谈话时，经常漫不经心、心不在焉，易使青年人感到自己被轻视。即使他面前的老人据其阅历、学识有足够的理由轻视他，他也很难愉快地接受这种轻视。这种情绪的影响，往往会堵住思想的闸门，使他们不愿意再同老人多说，甚至可能把已经准备好的心里话，把急需和老人商谈的问题"咽"回去。

所以，与晚辈人说话时，不应该轻易去否定他们的看法，应在做出中肯的分析后，帮助他们答疑解惑，给予热情的支持。即使年轻人的某些看法显得不成熟，显得幼稚、单纯、片面，也不要随便几句话便做出全盘否定。

说话时还要注意不同的人有着不同的基本情况，比如对方的性别、文化程度、身份、职务等。

对不同性别的人讲话，应当选择不同的方式。

一位男青年碰到了好多年不见的女同学，大声嚷嚷起来："你真是越长越'苗条'了！可惜啊，中国没有相扑运动。"女同学扭头就走，男青年讨了个没趣。

对于"老"字，男人一般觉得没多大关系，但若说某位女性老，她会非常不悦。

说话看对象，要看对方的文化程度也是很重要的一项。人口普查员填写人口登记表，问一个没有文化的老太太："您有配偶吗？"老太太说："你问我有没有买藕啊？"结果闹了个笑话。

说话看对象，还要看对方的身份职务。身份职务不同并不妨碍人际交流，下级对上级、晚辈对长辈、学生对老师、普通人对有名气地位的人等，不应当也不必要表现得屈从、奉迎。但在言谈举止上则不要过于随便，应当表现得更加尊重一些。如学生与老师之间发生了矛盾，可以像同学之间发生矛盾一样平等地交流、沟通，但在说话上应当注意方式和讲究措辞。

谈话对象还要分性格和心理状态。

性格外向的人易于和人交谈，性格内向的人多半"沉默寡言"，不善于主动与人交谈。同性格开朗的人谈话，你可以侃侃而谈；同性格内向的人谈话，就应注意分寸，循循善诱。孔子的

"因材施教"用在这里也很恰当。

一次,孔子的学生仲由问:"听到了,就去做吗?"孔子说:"不能。"又一次,另一个学生冉求又问:"听到了,就去做吗?"孔子说:"做吧!"公西华在旁听了犯疑,就问孔子:"两个人的问题相同,而您的回答却相反。我有点儿糊涂,故来请教。"孔子说:"求也退,故进之;由也兼人,故退之。"意思是,冉求平时做事好退缩,所以我给他壮胆;仲由好胜,胆大勇为,所以我劝阻他。孔子教育学生因人而异,我们谈话也要因人而异。

不同的人在不同情况下有不同的心态,有时候甚至不会从外部明显地表露出来,这时作为表达者就应当洞察对方的心理,以便进行有效的交流。

有一次,几个即将毕业的研究生到某机关去求职。接待他们的是一位60来岁的局长,他说,机关的许多部门编制有限,个别的可以考虑吸收,几个人都来不好安排,因为名额很少。听了这番话,一位女研究生感叹:"有些老家伙早该退休了,就是赖着不走……"这么一说,老局长的脸色变得很难看。他今年60来岁的人了,整天为退休的事情犯愁,而这时听到如此嘲讽,心里是何滋味!

以上这个事例告诉我们:说话一定要看对象,注意对方的心理状态,观察对方的性格特点,尽量避免说话时无意之间伤了人。

谈话还应注意的是,跟与自己关系不同的人说话,也要区别对待。

许多人结婚后，认为对方成了"自己人"，在言语和行为上开始毫不在乎分寸，无所顾忌，想说什么就说什么，想怎么说就怎么说。这种在夫妻之间任其自然的做法有积极一面也有消极一面；积极一面是可以使夫妻双方推心置腹；消极的一面，就是有时不加考虑的言行会伤害对方的感情。

如果是朋友惹恼了你，你可以在一段时间内拉开距离，直到气消后再去找他。但不管妻子对丈夫或丈夫对妻子多么生气，却无论如何是回避不了的。因此，体谅就显得非常重要，理解也成了把握分寸的基础。

最容易激起对方反感的莫过于拿别人家的丈夫、妻子做比较，来贬低自己的丈夫或妻子："你看看人家老王，有手木匠活多好，光是每月给别人做几个大柜，就挣个千八百！""同样的收入，人家小陈家月月存钱，你呢？月月超支，怎么当家的？"

俗话说："人比人，气死人。"要是对方接受数落，咽下了这口气倒也罢了，就怕对方回敬你一句："你觉得他（她）好，怎么不跟他（她）过去呀？"长此下去，夫妻关系必然产生裂痕。

跟朋友说话，要真诚、实在、和气，但这样不等于不讲究说话技巧、不需要分寸。话说得好，可以加深朋友之间的感情；话说得差，不讲究方式，迟早会使朋友疏远，甚至反目成仇。

多说对朋友有好处的话。在中国，中庸之道是一种至高的做人法则，掌握了这一法则，便会在生活中游刃有余。交友也讲中庸，除了"谈而不厌"外，还要"简而文""温而理"，简略却文雅，温和且合情理。

在说话过程中知己知彼，才能"百说百灵"。

同样的话，可能这个人说，你很愿意接受，而换了另外一个人说，不但不接受，而且还产生了反感，因此，说话要分对象，要有针对性。

第二章
柔软对话，优雅而高效地实现目的

想说场面话先要学会客套

客套，包含着客气、谦卑，处处显示出对别人的尊重；客套，还显示出你的平和与内敛。

客套是语言艺术中的一种。我们在教育孩子的时候，往往会说"见了大人要打招呼，借了同学的橡皮要说谢谢，不小心撞倒了人家要说对不起"等，这是最基础的礼貌教育。

客套的书面文字是那么枯涩、乏味，但是变成语言之后，却是那么悦耳、动听。

一次，李女士去看望重病中的好朋友，看到对方非常痛苦的样子，她没有说一句话。这是因为当时有许多的顾虑：说客套话吧，不能表达自己的心情；不说话吧，又被认为冷眼旁观。她太内向了。

这种"内向"要比虚情假意和口蜜腹剑的做法诚实得多。但是，由于不能充分地表达自己的内心，在他人看来一切都等于零。一个人如果连一句最普通的客套话都不会说，探望病人的时候，连一句"没事吗"都说不出口，这种人会给人一种冷酷的感觉。

所以，生活中要学会说客套话，用自己的语言表达出自己的感情，比如"没事吗"这句话，你并不是只把字面的含义说给对方，这里面可以加进自己的真实感情，比如"有什么我能帮你的？""我看到你难受的样子非常难过！""没事吧？好了之后，我们一起去打保龄球。"这样，更有益于促进彼此之间的交往。

客套不是低声下气，是尊重；客套不是虚伪，是礼貌。

生活、工作，哪一样都需要语言作为纽带。人要衣装，佛要金装，语言也要靠包装。语言的魅力，在于使人心悦诚服，语言的运用，在于修养气度。

会客套的人，说出来的话叫人喜欢听、愿意听，别人也会欣然接受；不会客套的人，常常面临许多的尴尬，造成许多误解，出现人际关系的障碍，导致自己的人脉越来越窄。

有的人说，客套多，朋友多；朋友多，好事多。这句话一点儿都不假。因为客套和寒暄可以帮助你认识很多朋友，缩短人与人之间的距离，从而促成两人的交往。

在生活当中，我们往往会听到如"谢谢您""多谢关照""劳驾""拜托"之类的客套话。这样的客套话可以向别人表示感谢，能沟通人与人的心灵，建立融洽的人际关系。在求人办事以后，应真诚地说一声"谢谢"。如果你不说一声"谢谢"，只把感激之情埋在心底，对方会有一种不快的感觉，他的劳动没有得到肯定；或认为你不懂礼貌，今后也不会再帮助你。同样，在打搅别人，给别人添麻烦时，能真诚地说一声"对不起"，对方的气就会减少一半。所以，在人际交往、求人办事的过程中，我们千万不要忽视客套的作用。

许多时候，客套就是表现出对对方的尊重、礼节和谦虚，比如有人做报告或讲话,总会说"我水平不高,研究不够,恐怕讲不好",或者是"我讲得不好,请大家批评指正"。诸如此类的客套话,看起来是随口而出,实际上起着表达讲话者谦恭愿望的作用。

客套必须要自然,要真诚,言必由衷,富有艺术性。

小王是上海某大饭店里的服务员。著名美籍华裔舞蹈家孟先生第一次来该饭店,小王向他微笑致意:"您好!欢迎您光临我们酒店。"第二次来店,小王认出他来,边行礼边说:"孟先生,欢迎您再次到来,我们经理有安排,请上楼。"随即陪同孟先生上了楼。时隔数日,当孟先生第三次踏入酒店时,小王脱口而出:"欢迎您又一次光临。"孟先生十分高兴地称赞小王:"不呆板,不制式"。

小王之所以会受如此表扬,在于他并不是鹦鹉学舌,见客只会一声"欢迎光临",而能根据交际情境的变化运用不同的方法,表现出他对工作的热爱和说话的艺术。

"人有礼则安,无礼则危。故曰,礼者不可不学也。"可见,人类从很早以前就开始呼唤礼仪,呼唤文明。有的人总是说,礼仪中的寒暄是人际交往的废话,其实这句话是不正确的。

在人际交往中往往少不了客套,客套会使我们彼此之间的关系更加和谐。要把"谢谢、对不起、请"等常挂嘴上。请人办事,说一声"劳驾",送客临别,讲一句"慢走"。这些都能显示出你礼貌周到、谈吐文雅。擅长外交的人们像精通交通规则一般精于客套,得体的客套同我们美好的仪容一样,是永久的荐书。

以下是总结出的一些日常生活中常用的客套话：

初次见面说"久仰"，好久不见说"久违"。
请人评论说"指教"，求人原谅说"包涵"。
求人帮忙说"劳驾"，求给方便说"借光"。
麻烦别人说"打扰"，向人祝贺说"恭喜"。
请人改稿称"斧正"，请人指点用"赐教"。
求人解答用"请问"，赞人见解用"高见"。
看望别人用"拜访"，托人办事用"拜托"。
宾客来到用"光临"，送客出门称"慢走"。
招待远客称"洗尘"，陪伴朋友用"奉陪"。
请人勿送用"留步"，欢迎购买叫"光顾"。
与客作别称"再见"，归还原物叫"奉还"。
对方来信叫"惠书"，老人年龄叫"高寿"。

得体的"致谢"会更加温暖对方的心窝，也能使你的语言更加充满魅力。得体的"道歉"是你送给对方的最廉价的礼物，也是调和可能产生紧张关系的一剂良药……有的人往往容易把应酬、客套、寒暄，甚至是聊天这些基础的交往行为看作是虚伪、庸俗和毫无意义的东西，在思想上加以排斥，在行动上加以抵制。这样的人违背了人类的某些本性，在交际上会屡屡受挫，连连吃亏。

客套并不一定是在语言上，一个眼神、一个手势，点一下头，微笑一下，或给对方送些小礼物，凡此种种，都属于客套的范畴。换句话来说，客套是一个比较宽泛的概念，客套是一种礼节，如果客套运用得好，会使你收到意外的惊喜。

日本松下电器公司的松下幸之助是个注重客套的人。他在委托下属去执行某一件事时，会说："这件事拜托你了。"遇到员工时，他会鞠躬并说"谢谢你""辛苦了"之类的客套话，有时会亲自给员工斟一杯茶，或者送给员工一件小礼物。

就是因为这种客套，员工们才毫无怨言地为他尽心竭力。

人类是一种感情的动物，从某种意义上说，人际关系正是出于人类感情交流的需要。客套是温暖的，能加深对方的了解、密切关系，增进友谊，彼此之间的关系因为客套而发生变化，心理距离也会随之缩短，感情自然有了呼应和共鸣。

在人际交往中，要想使别人怎么对你，你首先就要学会如何对待别人。客套一下，看似平常，可它却能引起人际间的良性互动，成为交际、办事成功的促进剂。

抓准说场面话的时机

在交际场合说点儿场面话是非常必要的。恰到好处的场面话，可以赢得他人的欢心，从而增进彼此的感情。但是，场面话并不是说得越多越好，有时候说场面话也得注意场合。如果不分场合地说场面话，很可能给别人留下轻浮与虚伪的印象。

社会是由人组成的，人与人之间相处、交往是再正常不过的事情了。一踏入社会，应酬的机会就多了，这些应酬包括去别人家里做客、赴宴，以及其他聚会等。不管你对应酬满不满意，场面话一定要讲。

什么是场面话呢？

场面话就是让主人高兴的话。既然说是场面话，可想而知就是在某个"场面"才讲的话，这种话不一定代表你内心的真实想法，也不一定合乎事实，但讲出来之后，就算主人明知你"言不由衷"，也会感到高兴。

场面话是日常交际中常见的现象之一，而说场面话也是一种应酬的技巧和生存智慧。从日常社交来看，你至少需要学会以下几种场面话。

当面赞扬他人的话。你可以称赞别人的孩子聪明可爱，称赞别人的衣服大方漂亮，称赞别人教子有方等。这种场面话所说的有的是实情，有的则与事实存在一定的差距，有时正好相反，但这种话说起来只要不太离谱，听的人十有八九都会感到高兴。

当面答应他人的话——如"我会全力帮忙的""这事包在我身上""有什么问题尽管来找我"等，这种话有时是不说不行，因为当面拒绝的话，场面会很难堪，有时甚至会得罪人。用场面话先打发一下，能帮忙就帮忙，帮不上忙或不愿意帮忙再找理由，总之，有缓兵之计的作用。

在很多情况下，场面话我们不想说还不行，因为不说，会对你的人际关系造成影响。

到别人家做客时，一定要感谢主人的邀请，并盛赞菜肴的丰盛可口，并看实际情况，称赞主人的室内布置，小孩的乖巧聪明……

赴宴时，要称赞主人选择的餐厅和菜色，当然，感谢主人的邀请这一点绝不能免。

参加酒会，要称赞酒会的成功，以及你如何有"宾至如归"的感受。

参加会议，如有机会发言，要称赞会议准备得周到细致。

参加婚礼，除了夸赞菜色丰富之外，一定要记得称赞新郎新娘的"郎才女貌"。

生活中的"场面"当然不止以上几种，至于场面话的说法，也没有一定的标准，要视当时的情况决定。场面话切忌讲得太多，要点到为止，太多了就显得虚伪，而且令人肉麻。

总而言之，场面话就是感谢加称赞，如果能学会讲场面话，对你的人际关系必有很大的帮助，你也会成为受欢迎的人。

没话也要找话说，营造热络的气氛

话题是初步交谈的媒介，是深入细谈的基础，是纵情畅谈的开端。没有话题，谈话是很难顺利进行下去的。要想营造热络的气氛，没话题也要找话题。

不善言谈在交际场中很容易陷入尴尬境地。要想成为求人办事的高手，首先必须掌握没话找话的诀窍。没话找话说的关键是要善于找话题，或者根据某事引出话题。

好话题的标准是：至少有一方熟悉，能谈；大家感兴趣，爱谈；有展开探讨的余地，好谈。那么，怎样找到话题呢？

1. 众人都关心的话题

面对众多的陌生人，要选择大家关心的事件为话题，把话题对准大家的兴奋中心。这类话题是大家想谈、爱谈又能谈的，人人有话，自然能说个不停了。

2. 借用新闻或身边的材料

巧妙地以彼时、彼地、彼人的某些材料为题，借此引发交谈。有人善于借助对方的姓名、籍贯、年龄、服饰、居室等即兴引出话题，常常收到好的效果。"即兴引入法"的优点是灵活自然、就地取材，其关键是要思维敏捷，能做由此及彼的联想。

3. 提问的方式

向河水中投块石子，探明水的深浅再前进，就能有把握地过河。与陌生人交谈，先提一些"投石"式的问题，在略有了解后再有目的地交谈，便能谈得更为自如。

4. 找到共同爱好

问明陌生人的兴趣，循趣发问，能顺利地进入话题。如对方喜爱足球，便可以此为话题，谈最近的精彩赛事，某球星在场上的表现，以及中国队与外国队的差距等，都可以作为话题而引起对方的谈兴。引发话题，类似于"抽线头""插路标"，重点在"引"，目的在导出对方的话茬儿。

5. 搭上关系，由浅入深

孔子说"道不同，不相为谋"，只有志同道合，才能谈得拢。我国有许多"一见如故"的美谈。陌生人要能谈得投机，要在"故"字上做文章，变"生"为"故"。下面是变"生"为"故"的几个方法：

（1）适时切入。看准情势，不放过应当说话的机会，适时地"自我表现"，能让对方充分了解自己。

交谈是双边活动，光了解对方，不让对方了解自己，同样难以深谈。陌生人如能从你"切入"式的谈话中获取助益，双方会更亲近。

（2）借用媒介。寻找自己与陌生人之间的媒介物，以此找出共同语言，缩短双方距离。如见一位陌生人手里拿着一件什么东西，可问："这是什么？……看来你在这方面一定是个行家，正巧我有个问题想向你请教。"对别人的一切显出浓厚兴趣，通过媒介物引发自我表露，交谈也会顺利进行。

（3）留有余地。留些空缺让对方接口，使对方感到双方的心是相通的，交谈是和谐的，进而缩短距离。

有经验的记者能通过观察和分析，迅速与对方套上近乎，找到一个可以引起双方话题的共同点，打破那种不知从何谈起的场面。

一位记者去采访一位教师，行前有人说这位教师性格有点儿古怪，经常三言两语就把人打发了。记者到学校去找这位教师时，他正在跟传达室的人发脾气。记者一听他说话的口音是山西人，心里暗暗高兴，因为他也是山西人。后来，他们就从家乡谈起，越谈越热乎，这一段题外话也为正题做了很好的铺垫。

在交际过程中，谈话时要善于寻找话题，这样才能套上近乎。有位交际大师指出：交谈中要学会没话找话的本领。

场面话要有情感共鸣点

场面上要想讨得某人的欢心，使得场面更和谐，就一定要找到对方感情的突破口，只有情感上有了共鸣，场面话才能继续说下去。

日常交往并不总是在熟人间进行，有时你甚至要闯入陌生人的领地。当进入一个陌生的家庭、环境时，要迅速打开局面，首先要寻找理想的"突破口"。有了"突破口"，便可以以点带面或由此及彼地发挥开去，从而实现让对方在感情上接受你的效果。

纽约某大银行的乔·理特奉上司指示，秘密进入某家公司进行信用调查。理特正巧认识另一家大公司的董事长，这位董事长很清楚该公司的行政情形，理特便亲自登门拜访。

当他进入董事长室，才坐定不久，女秘书便从门口探头对董事长说：

"很抱歉，今天我没有邮票拿给您。"

"我那12岁的儿子正在收集邮票，所以……"董事长不好意思地向理特解释。

接着理特便开门见山地说明来意，可是董事长却含糊其词，一直不愿做正面回答。理特见此情景，只好离去，没得到一点儿收获。

不久，理特突然想起那位女秘书向董事长说的话，又想到他服务的银行国外科每天都有许多来自世界各地的信件，那上面有各国的邮票。

第二天下午，理特又去找那位董事长，告诉他是专程替他儿子送邮票来的。董事长热情地欢迎了他。理特把邮票交给他，他面露微笑，双手接过邮票，就像得到稀世珍宝似的自言自语："我儿子一定高兴得不得了。啊！多有价值啊！"

董事长和理特谈了40分钟有关集邮的事情，又让理特看他儿子的照片。之后，没等理特开口，他就自动地说出了理特要知道的行政情形，足足说了一个钟头。他不但把所知道的消息都告诉了理特，又召来部下询问，还打电话请教朋友。理特没想到区区几十张旧邮票竟让他圆满地完成了任务。

人常说：要讨一个母亲的欢心，就去赞扬她的孩子。找到情感共鸣，沟通自然会顺畅。

分清别人说的场面话

场面话大家都在说，但究竟哪些场面话是真的，哪些场面话是应酬，我们要做到心中有数。

走入社会后很多人就会发现，虽然自己名片盒里的名片越来越多，真正无话不谈的朋友还是那么几个。绝大多数是场面上的朋友，迎来送往，无非是"你好"加上"再见"。让人苦恼的是，若是真正的朋友，就算相对无语，彼此也不觉得尴尬。但场面上的朋友就不同了，毕竟从见面到分手之间的一段空白还是要去填的。善于应酬的人，也就是公认的社交高手，总能漂亮地完成使命，让彼此轻松愉悦地度过一段时间；反之，则空留尴尬的笑脸和一段难熬的时间。

一个法资公司的大老板每年环球巡游一次，听各国首席执行官们述职。当然，也顺便见一下各国雇员。只是全球数万张面孔，哪能记得过来？于是他每年都问同样的3个问题：你是哪个大学毕业的？学的是什么专业？何时来到我们公司的？除了首席执行官们，公司其余的人每年要回答一次。

大多数员工对待这3个问题就像对待元首阅兵一样，把答案像口令一样喊出来而已，从不奢望自己能被大老板记住，除了一个信息技术工程师。他每次回答完"我的专业是建筑设计"之后，都会解释一下为何原来的建筑设计师会转行到信息技术领域。这是个漫长的故事，但大老板老是记不住，于是他连续讲了3年。第四年，当他又开始讲第四次的时候，大老板制止了他："好像有个挺长的故事是吗？无论如何，我代表公司感谢你的努力工作。"可怜的人只好把他那感人的奋斗史收了起来。

大老板只是在客套一下，谁知他竟当了真。

坐上大老板的位置后，也许不用再花心思设计机灵的场面话；但下属就不同了，场面上反应机敏与否，直接关系到将来的前程。

一次会议的中场休息之后，许多人迟到。大老板面露愠色。大部分人默默地进来，默默地入座，空气十分凝重。只有一个中层女经理人未到，话先到："哎呀呀，卫生间的队好长啊。老板，你怎么雇了这么多女人啊！"一句话把大老板逗乐了。

在一个鸡尾酒会上，有个商人模样的老外过来打招呼，琳达马上放下冰橙汁，与他握手。他笑问琳达："为什么你的手冰冰的呀？"她忙着解释，朝那杯冰橙汁指出。他马上摇头："不不不，你只需要说'但我的心是热的'就行了。"

一句话提醒了琳达。

其实他并不关心为何琳达的手是冷的，而琳达也并无义务解释为何自己的手是冷的。不过是两个陌生人找个话题混个脸熟而已，什么话开心，什么话可以博个笑脸，就讲什么话。

场面话人人都在说，但究竟所说的场面话哪些是真的，哪些只是基于社交的礼节虚言的应付，我们的心中要有数，这样就不至于因为没有分清对方的场面话而造成误解或尴尬的局面。

公众场合的致词要得体

不管什么样的演讲，即兴的还是事先有准备的，说话人都是为了达到某种目的。在公众场合致辞是有一定技巧的，当你掌握好了这些技巧，便会赢得他人的掌声。

在各种正式场合，与会者都要发表演讲，无论何种演讲，说话人都是为了达到某种目的。例如，在欢迎外宾的招待会上，主人要致欢迎辞，外宾要致答谢辞；在宴会上，主人要致祝酒词，外宾要致答谢辞；在欢送外宾的会议或酒宴上，主人要致欢送辞，外宾要致告别辞等。这些致辞根据各自的特定场合，各有其特定目的和表达方式。

热情洋溢、语言明快、词句精练、全文紧凑是欢迎辞、欢送辞和祝酒词的特点。当你的言辞里流露出朴实的感情，那么一定可以增进宾主之间的友谊，从而为自己树立一个良好的形象。这类致辞常由"引言""正文"和"结语"3部分组成。引言部分首先对远道而来的贵宾表示欢迎；正文部分根据特定情况，或介绍对方来访的原因、事情的安排，或赞扬对方的才华、功绩，或强调宾主双方的关系等；结语部分是再度表示欢迎或祝愿之类的言辞。

答谢辞和告别辞中，引言部分对主人的欢迎（欢送）表示感激。答谢辞的正文部分应阐明来访者的友好来意和做好某事的愿望；告别辞的正文部分应着重说明在访问或出席会议期间受到东道主的欢迎和款待使自己深受感动。最后再次表示感谢或对未来表示良好的祝愿。

1. 迎送致辞

致辞一般由主人或单位领导、集体代表先致，然后由被迎送者致答谢辞。欢迎时，主辞可代表组织或在场者表达主方成员的喜悦与日后团结共事的愿望；宾辞则要对热忱的欢迎表示感谢，申明自己希望在大家的支持和帮助下做出贡献的决心。欢送时，主辞应充分肯定被送者的成绩和优点，勉励被送者继续进步，表达依依不舍的心情。需要指出被送者不足之处时，可视对象和会议气氛，有的坦率直言，有的则以提出希望的方式暗示。宾辞则要以感谢大家长期以来的关怀和帮助为主，陈述事实、抒发感情，以惜别之心怀，寄意于未来。无论迎送，致辞均应热情、诚挚，以互相勉励为主。

2. 贺庆致辞

贺庆活动中，通常先致宾辞，表示祝贺与勉励；再致主辞，表示感谢与"百尺竿头，更进一步"的决心。有时也可倒过来，譬如在贺庆宴会上，往往先由主人致祝酒词，尔后再由宾客致答谢辞。贺词宜热烈而有分寸，祝酒词须凝练而不含糊，答谢词要情意真挚，朴实动人，不说套话。

3. 婚丧致辞

婚丧致辞时，气氛迥然有异。祝贺新婚，宾辞可突出婚姻之美满，并祝愿新婚夫妇相亲相爱，白头偕老。语词可幽默俏皮一些，以增添欢乐气氛，但不要庸俗油滑。主辞则要陈谢意赞友情，由衷而出，落落大方。丧事上，宾辞可深情缅怀死者、激励后人；主辞于答谢之外，要让人看到从悲痛中振作精神的姿态。

4. 联谊致辞

联谊活动的目的在于融洽感情、增进彼此之间的友谊。除了事先已经有安排的情况外，双方都应该争取先行致辞，以示主动。主辞、宾辞要分别为客人的到来与主人的盛情表示荣幸或感谢。同时，都要畅叙友谊，展望未来更密切的合作，祝贺联谊活动圆满成功、与会者健康快乐。联谊致辞要有鼓动性，语言亦庄亦谐，但"庄"不可说教，"谐"不可无聊，均以"雅俗共赏"为佳。

5. 评聘致辞

主辞一般先致，再答以宾辞。评聘致辞通常以严肃为主，但也不必过于刻板，造成沉闷的气氛。主辞对受评聘者可多予褒奖,并表示殷殷期望,使受评聘者从鼓励中看到自身的价值,萌生努力工作的意愿和激情。宾辞则要表达这种感受和决心。必要时,双方可简要提出一些希望或建议。

引起亲切感的场面话

对于初次见面或了解不深的人,如何借语言消除彼此之间的陌生感,消除隔阂,以获得信赖,是一门大学问。

借由关心对方的家人或使用流行语引起强烈的亲切感,产生"同伙意识",别人当然乐意与你交往。自古以来,许多政治家都具有使人觉得亲切的本事。他们懂得利用人性的各项弱点,使人心悦诚服,无条件地接受领导。

河野一郎是日本的一位政治家,十分懂得利用人们的微妙心理,借巧妙的场面话使人大受感动。

1959年,他在纽约旅行时,巧遇了多年不见的好友米仓近。他乡遇故知,两人非常高兴地握手寒暄,互道近况,畅谈甚欢。各自回到旅馆之后,河野一郎立刻拨了一通国际电话给米仓近在东京的妻子:"我叫河野一郎,是米仓近的老朋友,你先生在纽约一切都很好。"

米仓近的妻子感激莫名,顿时热泪盈眶。一直到后来,米仓夫妇还经常向人谈论起这件事。

人在潜意识里总是会特别惦念自己的父母、妻子等关系亲近的人，一旦发现对方也在关心着自己关心的人，或者具有相同的心态，大都会产生认同感。利用这种共同的心理倾向，先使人产生亲切感，接下来，自然能够成为受人欢迎的人物。

在日常生活中，常把"令尊好""嫂夫人好""孩子们可好"等问候语挂在嘴边，必能使他人觉得备受关心，深深感动。

有位知名播音员非常受观众欢迎，经常率团到各地巡回演出。每到一个新的地方，他一定要套用一两句当地的用语，以拉近和观众之间的距离。

这些事例，都基于同一原则——引起亲切感。借由关心对方的家人，或是使用流行语、当地的方言，可以引起强烈的亲切感，产生同属一个团体的归属意识，强调"同伴""同伙"的关系，别人当然乐于与你交往。此外，巧妙选择称呼对方的方式，也能够成功营造同伙意识，增加亲切感。

由于工作的关系，日本心理学家多湖辉经常和美国人往来。

在谈话当中，他发现西方人讲话时有一个共同点，就是他们习惯把对方的名字挂在嘴边，例如"谢谢您，多湖先生""多湖先生，你的英文还不太行呢。""再见了，多湖先生"等。

但是东方人多半只喊对方的官衔或职务，在交际应酬中，总是不习惯直呼名字。

两种不同的称呼方式会导致不同效果，在与人交谈时，西方人透过称呼对方的名字，能够轻易获得亲切感，进一步促进彼此之间情感的交流。

称呼别人的名字，不以官衔、地位、职位等面具式的虚饰称呼，能够缩短彼此之间的心理差距，于无形中产生亲切感，是把话说得更巧妙的有效技巧。

给别人面子就是给自己面子

场面上说话一定要给别人留情面，要知道，给别人面子就等于是给自己面子，这样彼此之间才都有面子。

"人要脸，树要皮"，让你有面子的最有效方法，就是先给别人一点儿面子。

有位文化界的朋友，每年都会受邀参加某单位的杂志评审工作。这项工作虽然报酬不多，但却是一项荣誉，很多人想参加却找不到门路，也有人只参加一两次，就再也没有机会了。有人问这位文化界人士，为何他能年年有此"殊荣"。他在年届退休，不再参加此项工作后才公开了秘诀。

他说，他的专业眼光并不是关键，职位也不是重点，之所以能年年被邀请，是因为他很会给面子。

他说，他在公开的评审会议上一定把握一个原则：多称赞、鼓励而少批评。但会议结束之后，他会找来杂志的编辑人员，私底下告诉他们编辑上的缺点。

所以，无论是承办该项业务的人员还是各杂志的编辑人员，都很尊敬他、喜欢他，当然也就每年找他当评委了。

在现代社会中，面子是一件很重要的事。如果你是个对面子无所谓的人，那么你必定是个不受欢迎的人；如果你是个只顾自己面子，却不顾别人面子的人，那么你必定是个要吃亏的人。

事实上，给人面子并不难，也无关乎道德，大家都是在人性丛林里过活，给人面子基本上就是一种互助。

说话要有准确性

一个说话准确的人，总可以准确地表达出自己的意图，也能够把道理说得很清楚、动听，使别人很乐意接受。

在日常交谈的话语中，有不少词语在不同的条件下使用，往往有不同的含义，有的甚至完全相反，这就是"同语异义"的现象。它会给你带来不少麻烦，但也会带来许多便利。巧说"同语异义"，比直言更能对听者产生强烈的吸引力，但如果运用不好，则会带来很多麻烦。

《三国演义》中曹操误杀吕伯奢一家的故事就很有借鉴意义。

曹操刺杀董卓未成，便与陈宫一道投奔曹父的义兄吕伯奢家求宿。吕伯奢热情接待他俩。

曹操坐了一会儿，忽然听到后院有磨刀的声音，于是，与陈宫蹑手蹑脚进了后院，只听得有人说："捆绑起来再杀！"

曹操对陈宫说："不先下手，咱们就要死了！"

说着，便与陈宫拔剑冲了过去，见一人便杀一人。他们搜到厨房，这才看见那里有一头捆绑起来等待宰杀的猪。

这个故事虽反映曹操疑心过重，但"捆绑起来再杀"这句不明确的言辞，对促成曹操杀人也起了很大作用。这说明"同语异义"的言辞一定要谨慎使用。

第二次世界大战期间也发生过因"同语异义"而误会的事。当时，由于德军经常空袭伦敦，所以英国空军总是保持高度警惕。在一个浓雾漫天的日子，伦敦上空突然出现了一架来历不明的飞机，英国战斗机立即升空迎击，到两机接近时，才发现这是一架中立国的民航机。

英国战斗机向地面指挥部报告了这一情况，请求指示。地面指挥部回答："别管它。"于是，英国战斗机射出一串炮弹，把这架民航机击落了。后来，英国为此支付了一笔巨额赔偿才了事。英国战斗机和地面指挥部都负有不可推卸的责任。

首先是地面指挥部，不该用"别管它"这样语义不明的言辞来回答战斗机的请示。这既可以理解为"别干涉它，任它飞行"，也可以理解为"甭管它是什么飞机，打下来再说"。

战斗机的责任是在听到这样可作完全相反理解的命令后，应该再次请示，然后再采取行动。这样就不致铸成大错了。

可见，这个"别管它"，就是一种"同语异义"的言辞。在遇到这种言辞时一定要慎重处理，切勿模糊不清，否则它会成为你与人沟通的障碍，甚至会得罪人。

一个公司的人事流动是正常的，对一个高明的部门主管来说，当有人走了以后，他要做的事情应该是如何通过自己的语言影响力来稳住留下来的人。但是，有很多部门主管并不注意这一点。

一个公司的部门经理手下有10个员工，有一天，4个员工提出辞职，这位经理感到很不安，他对留下来的6个员工说："那些精明能干的人都走了，我们的将来可是前途未卜了！"显然，这句话得罪了留下来的6个员工，使部门的气氛更加紧张。

也许这位部门经理对留下来的6个员工并无贬低之意，可是由于他的不准确表达，使这6个员工心理上产生了阴影，在日后的工作中，肯定会产生对抗情绪。

一个说话准确的人，总可以准确、流利地表达出自己的意图，也能够把道理说得很清楚、动听，使别人很乐意接受。有时候还可以立刻从问答中测定对方言语的意图，并从对方的谈话中得到启示，增加自己对对方的了解，与对方建立良好的友谊。说话有失准确的人，不能完全地表达出自己的意图，往往会令对方听得费神，而又不能使人信服。

1916年，美国化学家路易斯在一篇论文中首次提出了"共价键"的电子理论。这一理论对于有机化学的发展具有重大意义。可是发表后，在美国化学界并未引起应有的反响。其中一个重要的原因便是路易斯不善言谈,没有公开发表演说,宣传自己的见解。

3年以后,美国另一位著名化学家朗缪尔发现了路易斯见解的可贵。于是,朗缪尔一方面在有影响的美国化学学会杂志等刊物上发表多篇论文,阐述和发展路易斯的理论,同时又多次在国内外的学术会议上发表演讲,大力宣传"共价键"。由于朗缪尔能言善辩,对"共价键"做了大量宣传解释工作,才使得这一理论被美国化学界承认和接受。一时间,美国化学界纷纷议论朗缪尔的"共价键",而把该理论的首创者路易斯的名字几乎忘却了,有人甚至把它称作"朗缪尔理论"。

第三章 巧妙征服,精彩的演讲能"收买"人心

提前做好充分的准备，当众演讲不慌乱

事前打好演讲的腹稿，并进行一些必要的提前排练，演讲时心中有数，自然不会太慌乱。

好的开始是成功的一半。在即将参加演讲的前夕，要事先经过一番思考，根据参加活动的不同情况，拟写不同的底稿提纲，为做好下一步成功的演讲打好基础。你需要搜集有价值的演讲材料，注意演说稿特有的用词技巧，在必要的情况下，还要准备一些演讲用的道具。重要的演讲，你得花点儿时间做排练的准备，甚至去演讲场地熟悉环境。准备得充分是成功的基础。

演讲之前，演讲稿的准备是一项重要的工作。哪怕是一个简短的会议讲话，或会议主持，你都应该花些时间来准备文字稿。

准备的第一步工作当然是搜集材料。演讲的材料不外乎两个方面，一是事实，一是观点，两者缺一不可。无论事实还是观点，都必须围绕演讲的主题进行。观点的来源不能仅限于自己搜肠刮肚，可以记下自己的突发灵感，可以跟同事、朋友进行讨论，碰撞出一些思想的火花。重要的演讲稿的准备，甚至可以请专家、学者座谈讨论。材料的来源常有剪报、文件、网络，以及职务部门提供的数据、具体的工作汇报等。有的需要自己动手去搜索，如上网搜索；有的需要向有关部门索要，如向财务部索取

财务数据，向技术科、工程处索要工作计划，向行政部索要相关文件，向档案部索要相关的会议纪要等。

准备的第二步是决定演讲的内容。要明确演讲的目标，是劝说听众采取某一个具体的行动，还是鼓动听众积极投身于某一项改革；是动员听众参与某一项重大决策的试验，还是激励听众参与某一决策的全面推广实施，等等。

在决定演讲内容时，要遵循"事不过三"的原则。因为听众在听同一次演讲时，不可能一次接受3种以上的新思想，所以，你要把你的观念简化到3个，但要力争把这3个观念讲清、讲透、讲得有煽动性、有感染力。那些企图把自己的想法、自己知道的事儿一股脑儿扔给听众的做法是错误的。

演讲的内容明确之后，就可以进入准备的第三步，即构思演讲稿的"腹稿"，也就是进入写稿的结构搭建了。

良好的结构，能使你思路顺畅，讲话具有连续性，让听众对部分与总体的关系有一个清晰的认识。讲话与文章一样，也分开头、中间和结尾部分。开头部分要能吸引听众的注意力，激起他们的兴趣，鼓起他们的自信心。中间部分要做到论点鲜明，事实清楚，论证过程明晰。在这个阶段，可以制作一些明晰自己思路的小卡片，将论点与事实记录下来。为了保证听众能长时间保持注意力，就必须进行阶段性总结，反复提及要点，强调陈述的观点，最后使结论水到渠成。听众在中间部分容易听疲倦了，当他们听到结尾时，由于意识到讲话即将结束，因此往往精神又重新抖擞起来。所以，在结尾部分要注意做到使听众情绪激昂。在这个准备过程中，可以多准备几个开头、结尾进行对比，选用最好的。

演讲的时间一般在 20 分钟以内为宜，时间太长，听众的注意力难以长时间集中，随着时间流逝，他们的兴趣渐减，收不到效果。在这个过程中，要注意做好各观点的小结性语句，注意设计好观点与观点之间的过渡性语句。

这些工作做好之后，就可以进入准备工作的第四步：写讲话稿。在写讲话稿时，可以清楚地写明开场白、过渡、小结、结尾这样一些标志性的词语，将它们标注在旁边，来提醒自己。在稿件的用词上，尽可能做到口语化，并标示出重要的概念词、主题词、关键词。

下一步就可以进行准备的第五步了：准备道具。演讲中常用的道具有简图、简表，也有准备实物的道具，必须根据实际的需要。现代演讲中，人们采用投影仪比较多，因此，可制作演讲中用于展示主题或思路的提示性电子版文字、符号、图片等。这类材料除非是用于教学，其他场合则不宜过多，否则就会冲淡主题、影响气氛。特别是图片，应尽量赋予个性、特色。

作为准备工作的第六步，排练也很重要。它能够增强演讲者的自信心，有助于对演讲时间的准确把握，还能够检验开头与结尾部分的效果，能协调好演讲者与投影仪播放之间的关系。排练的地点最好选择在实地场所，对实地场所的熟悉，能很好地减少怯场，有效防止声音走样。排练时台下最好有几位朋友当听众，请他们分散到前、后排，听声音的大小。在自己的家里对着穿衣镜练习也是一个不错的方法，还可以请家人来提意见与建议。

准备工作的最后一步，就是要去现场检查音响、幻灯机、电脑及投影仪设备，要提前进行必要的校准、调试。如果是幻灯机，就要注意防止影像上下倒置、顺序错误。要对演讲过程中可能出现设备故障做好心理准备，并做好预案。如果过分地依赖现代化的声电辅助手段，一旦设备出现故障，将导致你的演讲无法完成。因此，在预案中，可以考虑尽可能减少对视觉辅助手段的依赖。

在开始演讲之前，应该检查一下演讲稿、视觉辅助手段的排列顺序是否正确。讲话中最为糟糕的情况，莫过于把讲话稿的顺序弄乱了，特别是当你的演讲稿使用了卡片的时候；或者讲的过程中，半天找不到你要放映的某一张幻灯片……讲话前几分钟把这些资料放置在桌面上，以免到时不知所措。

第一句话就充满悬念，抓住听众的好奇心

把握好最初的10秒钟，你就掌握了有利的情势。如果演讲者想引起听众的兴趣，有一点必须记住：开始便进入故事的

核心，制造一个充满悬念的开头，在演讲之始就抓住听众的好奇心。

经常有这种情况，本应获得听众兴趣的开头，往往成了演讲中最枯燥的部分。比如说这样一个演讲："要信赖上帝，并且相信自己的能力……"这样的开头就像开水煮白菜，说教意味太重。演讲者接着说："1981年我的母亲新寡，有3个孩子要养育，但却身无分文……"这第二句话就渐渐有意思了。演讲人为什么不在第一句就叙述寡母领着3个嗷嗷待哺的幼儿奋斗求生的故事呢？

正如一位演说家所说，我们开始说话的前10秒钟最能吸引听众。原因是，在这最初的10秒钟内，每个人都会有意无意地来表达自己的真实感觉，所以，如果抓住了这10秒钟，整个说话的场合就会形成一种有利于你的情势。那么，演讲时怎样做才能把握住这最初的10秒钟呢？

1. 用吸引人的故事或幽默开头

感人的故事（尤其是真人真事）或能够使观众们发出会心一笑的幽默语言，能够一下抓住观众的心，即使前面的发言者已使观众思绪涣散，也仍然能起到调动全局情绪的作用，引起听众的兴趣，从而使自己很快被听众接受。

罗素·凯威尔的著名演讲《怎样寻找机会》进行了6000多场，收入高达百万美元。他有一篇著名的演讲是这样开头的：

"1870年，我们到格利斯河游历。途中我们在巴格达雇了一名向导,请他带领我们参观波斯波利斯·尼尼维和巴比伦的名胜古迹。"

他就是用了这么一段故事来做开场白。这种方式最能吸引听众。这样的开场白几乎万无一失。它向前推进,听众紧随其后,想要知道即将发生的事情。

即使是缺乏经验的演讲者,只要运用这种讲故事的技巧,照样也能成功地制造出一个精彩的开场白,引起听众的注意力。

2. 用一些物品吸引听众

一张图纸、一件战场上带回的实物或是一张相片,因其能够直观地反映一定的主题,因而能很快地把听众吸引过来。如果讲者乐意,他还可能将自己的话题抽象成一幅画——根本不必去追究它的艺术性,或者随便写几个有趣的大字。别出心裁的举动也能一下集中听众的注意力,只要物品有助于谈话者借题发挥就行。

3. 不妨用提问来开头

提问是有趣的开头法。在问题提出以后,几乎所有感兴趣的人都会去思考,并产生一种要求知道正确答案的欲望,而这将使听众的注意力迅速地集中——他们等着用你说出的答案去验证自己的判断。但是要注意,提出的问题不要过于简单,要能引起思考,或能给听者以收获。

4. 制造悬念

可以通过听众的求知欲而造成悬念,采用此种开头方法时可能需要一些内幕消息。无疑，这也是一种很好的吸引听众的方法。

弗兰克·彼杰就是这样做的。他写了《我怎样在销售行业中奋起成功》一书。在美国商会的赞助下，他曾经在全美做巡回演讲，谈论有关销售的事情。他总是能够在第一句话就制造悬念，简直堪称悬念大师。他演讲"热心"这个题材的开始方式，真是高妙无比，叫人佩服得五体投地。他一不讲道、二不训话、三不说教、四无概括的言论，一开口便进入核心。

"在成为职业棒球选手后不久，我便遇到了一生中最使我感到震惊的一件事。"

现场听众听到这个开头后，立刻就来了兴趣。每个人都迫切想听听他遇到了什么事，他为什么会震惊，他是怎么办的……

5. 从听众的利益和关心的焦点出发

有经验的谈话者往往善于将自己的讲话与听众的切身利益联系起来，即使牵强一些。为了吸引听众，谈话者有时不得不有策略地绕个弯子，待听众兴趣已起时再转入正题。

6. 从与听众的共鸣说起

共同的经历或遭遇、共同的研究专业和方向、共同的希望和展望等，都是能够引起听众共鸣的话题，以此种方式开场，常常更易于使自己被听众"认同"。

7. 用一句名言开场

名人名言是很好的开场白。心理学研究认为，公众具有崇拜权威（名人是人们自认的权威）的共同心理。名人的话对听众来说总是具有一种特殊的魅力，因而也最易于将听众的注意力集中起来。

8. 先赞扬听众

世人都爱听赞扬。因此，具体的赞扬会使听众注意倾听，同时，讲话者也会被认为是和蔼可亲的人而被听众接受。

当众演讲的话要有根有据

说话有根有据，才能让别人信服。要想让听众对你的演讲产生共鸣，让听众相信你所说的话，演讲的话更要有根有据。

"立屋要有梁，说话要有根据。"知识是口语表达的基础，上至天文，下至地理，乡土人情、风俗习惯、历史典故、逸闻趣事，信手拈来，皆成妙趣。另外，本行当的专业知识更要熟悉。那么，如何增长演讲时所需的知识呢？

多看书看报。世界动向、国内形势、科学动态、影视作品等皆可从书报中了解到。它们可以扩展你的谈话内容和题材。

勤做读书摘录。在阅读时，随时随地都要把看到的名言警句、好词华章记录在摘抄笔记上，久而久之，这些经验与知识将成为你说话的本钱。

必要的写作训练。要想口中有，一定不能胸中无。俗话说：

"胸有诗书气自华。""胸中墨"来源于阅读和写作的积累。一个人会说话,擅长演讲,可巧妇难为无米之炊,劣等材料怎么能展示优秀演讲者的风采呢?

勤学苦练。多向生活学习,多揣摩有经验人士的讲话,分析其优点,取其长补己之短。相信经过一段时间的训练,展现在大家面前的一定是个全新的你。

有了一定的知识储备后,演讲者在演讲时要保证所说的话有根有据,还必须掌握一些能够体现演讲有根有据的讲话方式和技巧。统计数字通常能给听众留下深刻的印象,并且极具说服力。然而,数字本身是很让人厌烦的,所以使用时要明智而审慎。

在演讲中,如果演讲者把统计数字和我们熟悉的事物放在一起进行比较,就会使我们收到加强印象的效果。

如果只提起数字、数量本身,是不会给人留下深刻印象的,它们必须辅以实例。倘若可能,还必须加上自己的经验来讲述。比如可以使用类比的技巧。

在南北战争期间,林肯为回应批评他的人,做了一次演讲。在演讲中也使用了类比的手法:

"先生们,我想让各位来做一番假设。假设你所有的财产都是黄金,你把它交到著名的走索家帕罗丁手中,让他从绳索上带过尼亚加拉瀑布去。当他走在瀑布上时,你会不会摇动绳索,或是不断地对他喊:'再俯低些!帕罗丁,走快些!'"相信谁都不会这样做。你肯定会屏住呼吸，肃立一边，直到他安全地走过去。现在的美国政府就是这种情况。它正背负着极大的重量，越过波涛汹涌的海洋，它手中有数不尽的财宝，请不要打扰它，只有我们都保持安静，它才能安然渡过。"

我们都知道，支持演讲重点的方法，就是凭借故事或是自己生活的经验，使听众去做演讲人要他们去做的事。事件或意外是一般演讲者最常用的方法，但不是可以支持要点的唯一方法。演讲者还可以使用专家的证言，权威的力量会增强你的说服力。

适量的实例和数据让演讲更真实

演讲越真实，就越容易征服听众，那么，究竟怎样做才能让你的演讲更真实呢？毫无疑问，适量的实例和数据会把抽象的说教转化为具体，使听众产生共鸣。

演讲最忌空洞。空洞的说教或口号，没有多少感染力，很难调动听众的激情，很难吸引听众的注意力。演讲者提出某种看法，听众会期待他能提出有力的事实加以证实。演讲中，人们普遍能够接受的事实论据，可以是个人亲身经历的事实、调查研究的报告、权威机构的数据等。

演讲的力量来自哪里？是演说者提出的理论，还是现实中存在的事实？不少人认为，说理比事实更重要，然而，事实却比理论更有分量。

丘吉尔任首相之后，首次对英国百姓发表公开演说。他说道：

"我在此首次以首相身份对各位发言，我要对各位说，现在是我们国家、我们民族、我们盟邦，还有自由信念的危急存亡之秋。"

为了说明如何处于危急存亡的关键时刻，唤起民众对投入战争的动员准备，丘吉尔紧接着用了一连串的事实：

"德军已经突破法国的防线；德国的轰炸机、战车和其他装甲车队正在向英国逼近；在这些机动部队后面，他们的步兵正踢着正步往前迈进。"

在列举一连串事实的基础上，丘吉尔指出要保持对德国高度的警戒："若想掩饰此刻的严重情况，那就太愚蠢了。"

丘吉尔拿出来的一连串的事实，让过惯了太平日子的英国人顿时警醒过来。他没有用空洞的说教或口号召集英国人抵抗敌军的进攻，他让事实站出来说话，事实让他的演讲更有力，一下子揪住了英国人的心。

既然事实对于演讲的成功有着如此大的作用，那么究竟怎样的事实才有说服力，才能引起听众的警觉吗？首先是自己身边发生的事实。就地取材的事实，既形象又生动，使现场的听众不由自主地投入到演讲中来。

需要注意的是，选用的事例中，讲远的不如讲近的，讲别人的不如讲亲身经历的。

其次，一连串的事例比孤单的事实更有说服力。多个看上去不相关的事例，被演说者摆放在一起，就形成了"社会现象"，会引起听众的关注。

1838年5月16日，美国的安吉莉娜·格里姆凯在费城的演讲里，就引用了一连串的事实来说明奴隶制的罪恶。她说道：

"作为南方人，我感到今晚我有责任站出来为奴隶制作证。这是我亲眼所见的，这是我亲眼所见的！我知道它是如何无法形容地令人毛骨悚然。我是在它的羽翼下长大的。多年来，我目睹了它如何使人道德沦丧、如何毁灭着人间的快乐。我从来没有见过一个快乐的奴隶。诚然，我见过奴隶戴着镣铐起舞，但他们并不快乐。"

在安吉莉娜·格里姆凯的演讲里，人们的眼前似乎出现了一群又一群奴隶，他们之中没有一个人快乐地生活在这个世界上，这是一幅多么悲惨的情景。

在演讲里，数字也有着神奇的威力，运用得好，能达到一般的事例达不到的效果。

1972年，来自纽约的一位女国会议员贝拉·伯朱格进行了一场呼吁给予妇女政治生活中平等地位的演讲，她说道：

"几个星期前，我在国会倾听总统向全国发表讲话，在我周围落座的有700多人。我听到总统说，'这里云集了美国政府的全体成员，有众议员、参议员，还有最高法院的成员和内阁成员'。我环顾四周，在700多名政府要员中，只有17人是女性，在435名众议员中，只有11位是女性，100名参议员中，只有一个是女性；内阁成员中没有女性；最高法院中也没有女性。"

不能不佩服，国会议员贝拉·伯朱格用身边的事例，用了一连串的数据，深深地揭露了美国的政治生活中女性地位严重不平等的现实。

在运用数字做论据论述观点时，首先要了解事实的真相，否则一切就会成为空话，一旦有听众提出异议，可能会让自己处于尴尬的境地。

要提醒注意的是，列举事例是为了说明问题，不是点缀，不是卖弄学问，不是故弄玄虚，也不是典故用得越多越好。太多的事例，太多的数据，反而会让听众觉得不知所云，无论数据还是事例，一切要做得"恰到好处"。

当众演讲要有独特的风格

演讲技巧固然重要，但比演讲技巧更重要的则是灵魂的沟通，是真诚。仅仅具有沟通的技艺、演讲的技巧，而没有一颗真诚的心，那样的演讲就是欺骗。

演讲中，听众如果感觉你是在为演讲而演讲，而不是用一颗真诚的心在演讲，听众对你的感觉立刻会由敬仰变为厌恶，对你演说的内容由将信将疑变为怀疑。让听众感觉到自己的真诚，必须拿出实际的行动来，比如说，在演讲中敢于暴露自身存在的问题，而不是着力掩盖自己的毛病或缺陷。

所谓演讲时的真诚，就是将真实的情况说出来，既说正面的"阳光"，也说出背面的"阴影"，不能只让听众盲目地看到"大好形势"，却掩饰自身存在的问题。真诚就是一切从实际出发，实事求是，不虚夸，不缩小。

尼克松受到诽谤时，他选择用真诚的演讲来赢得选民的支持。

1952年，尼克松还是个年轻的参议员，艾森豪威尔是他的竞选伙伴。正当尼克松为竞选四处演讲之时，《纽约时报》上突然刊载了一篇抨击他在竞选中秘密受贿的文章。

如果不能及时进行危机公关，尼克松的名声就会一落千丈，选民也会抛弃他。为此，尼克松来到电视台，发表了半个小时的电视演讲。

下午6时半，当他出现在电视屏幕上时，整个美国都安静下来，大家都想知道，他们心目中的候选人是否真的是一位政治受贿者。

在电视演说中，尼克松一反常态，采取了别人在演说中罕见的行为。他把自己的财务史完全公开，不遮遮掩掩。面对电视观众，他从自己的家产，一直谈到他的每一笔欠债。随后，他的话锋又转到了自己个人的经济收入，他一一做了详细说明，甚至自己如何花掉每一分钱，都一一告诉观众。尼克松认真地讲起花了多少钱为孩子矫正牙齿，花费多少款项来改装自己家的锅炉，以及他车子加油的费用清单与汽车跑的里程数等。

他还告诉听众，这次竞选提名之后，他的确有幸收到一件礼物，那就是得克萨斯州有人送给他孩子一只小狗。

当尼克松演讲完走出广播间时，外面传来欢呼声，尼克松胜利了。

面对秘密受贿的指责，尼克松采取公开一切的方法，虽然容易被人抓住把柄，冒有一定的风险，但他以极大的勇气公开真相，以最真诚的方式证明自己的清白，达到了就事论事、辩明该事真相所达不到的效果。

简短的演讲要主题明确

简短的演讲忌讳主题模糊，让听众抓不住演讲者的主要意思。因此，对于这种类型的演讲来说，演讲者一定要明确自己的主题，在最短的时间内抓住听众的心。

任何当众讲话，不论自己知道与否，一定都有着4种主要目标中的一个。这些目标分别是说服或获取行动，说明情况，增强印象、使人信服和娱乐听众。

卡耐基曾分别在芝加哥、洛杉矶和纽约举行会议，向所有的老师请教。他们当中有许多人是在名牌大学演说系执教的。另外一些人，则来自快速扩展的广告促销界。卡耐基希望结合这些背景和智慧，得出演说结构的新方法——一个合理的、能反映时代需要的、合乎心理学的方法，以影响听众，让他们采取行动。

苍天不负苦心人，从这些讨论当中，终于产生了演讲建构的"魔术公式"。

这个魔术公式就是：一开始讲，便把你的实例细节告诉人们，让这件事生动地说明你希望传达给听众的理念。第一，以详细清晰的言辞说出你的论点；第二，陈述缘由，也就是向听众强调，如依你所言去做会有什么好处。

这个公式非常适合如今快节奏的生活方式。演讲者再不能溺于冗长、闲散的绪论什么的。听众皆由忙碌的人们组成，他们希望演讲者以率直的语言，一针见血地说出要说的话。利用这个魔术公式，必定能得到听众注意，并可将焦点对准自己言语中的重点。

这套魔术公式也可运用于写商业书信和对员工及属下做指示。母亲可以利用它来激发孩子，而孩子借它向父母要求事情也很灵。你会发觉，它是一把心理利器，在日常生活当中，你也可以用它把自己的意念传达给别人。

即兴演讲要会的机智妙语

俗话说，识时务者为俊杰。演讲者如果不会见风使舵，随机应变，就是有口才，也只能让听众腻味。

1966年，现代著名文学家林语堂从美国回台湾定居。同年6月，台北某学院举行毕业典礼，特邀林语堂参加，并请他即席演讲。安排在林语堂之前的几位颇有身份的演讲者，发表了冗长乏味的演讲，令台下听众昏昏欲睡。轮到林语堂时，他抬腕看了看表，已是十一点半了，于是就改弦换调。他快步走上讲台，仅说了一句话："绅士的演讲应该像女人穿的'迷你裙'，越短越好。"然后就结束了演讲。他的话一出口，大家先是一愣，几秒钟后，会场上响起一片笑声，接着，与会者用最热烈的掌声表达他们对这位优秀演讲家的拥戴。在第二天台北各大报纸上均出现了"幽默大师名不虚传"的标题。看来，即兴演讲者光有口才还不够，还要有随机应变的机智。

即兴演讲常常是由于某种特定的场景、特殊的时境所引起的。场景、时境的刺激触发了演讲者，使之产生了不吐不快的欲望。然而，有些人只要兴致一来便忘乎所以，一发挥便如黄河决口再也收不住了。

在人际交往中，面对嫉妒、攻击、诬陷、尴尬等负面言行，要做到随机应变。首先要处事不惊，保持冷静的头脑，方能急中生智，化险为夷；其次要宽宏大量，乱中不忘大局，让人下台阶。下面介绍一些随机应变的方法：

1. 以德报怨，赢得人心

有一个大家庭，因为小儿媳心灵手巧、才智过人、贤惠温顺而颇得公婆宠爱。对此，大儿媳、二儿媳则嫉恨在心。一天，家中轮到小儿媳做饭。她把饭做好后，又去门前的池塘边洗衣服。这时，大儿媳、二儿媳使出一恶计：她俩又往灶膛里添了一大把柴火，欲使锅中米饭焦煳，让一贯心灵手巧的小儿媳在家人面前丢人现眼，陷入尴尬之境。不一会儿，小儿媳洗完衣服回屋，突闻锅中米饭传出焦煳气味，一看灶膛，木柴还在燃烧。生性聪慧的小儿媳已猜出个中原委。她灵机一动，遂把略呈焦煳状的米饭熬成了稀饭，另外，还烙了一些大饼。待众多家人在一起就餐时，她说："这两天天气热，大伙儿总吃米饭，胃口一定不大好，所以，我熬了些锅巴稀饭，做了些大饼，给大家调调胃口。"这一言一行，即刻博得了家人们的同声称赞。此举，既讨好了众多家人，又暗中让大儿媳、二儿媳下了台阶，可谓一举两得，使得一贯嫉妒并有心加害于她的大儿媳、二儿媳不得不敬佩之至。此后，她俩对小儿媳善意相待，而聪慧的小儿媳则不计前嫌，对两位嫂子加倍尊敬。就这样，妯娌之间的关系从"山雨欲来"的险境，步入了"柳暗花明"的佳境。

2. 奇妙对比，体现个性

要想演讲成功，除了简练得体，诚恳幽默外，还要注意对照生发，相映成趣。互相对照、映衬着，令你的演讲更有思想、有意思、有趣味，还能赋予你一种讨人喜欢的个性。

3. 借题发挥，点石成金

有个老师在上语文课时，一只小鸟突然飞进课堂，在教室里乱飞乱撞，学生的注意力全被飞鸟吸引住了。玻璃窗外有钢筋防护网，小鸟一时又飞不出去。老师见状，灵机一动，说："这只鸟真漂亮，大家仔细观察一下，下一节课我们写一篇作文好吗？"于是一堂生动的观察课开始了。同学们一边观察，一边议论，老师还不时地给以指导。

面对突发事件，老师沉着冷静，随机应变，借题发挥，仅用一句话，就把同学们由盲目猎奇引向了对知识的探讨与追求上。

4. 因势利导，化尴尬为神奇

一次公开课上，化学老师在演示实验前讲道："当我们把燃烧着的金属钠移到装满氯气的集气瓶时，将会看到钠剧烈燃烧，并产生大量白烟。"然而在演示时，集气瓶中出现的不是白烟而是黑烟。全班大惊！老师很快意识到这是由于自己忘记清洁钠表面的杂物而导致的结果。他马上沉静了下来，并将计就计，继续把实验做下去。他问学生A："你看到了什么？"学生A不语，教师鼓励他说："要实事求是，看到什么说什么，这才是科学的态度。""老师，我没看到白烟，而是黑烟！"A鼓起勇气回答。"你的观察很准确，"老师勉励该学生，并进一步启发说，"这样看来，刚才燃烧的东西就不是金属钠了！可是，这的确是块金属钠。那么，刚才为何燃出黑烟？请同学们回忆一下金属钠的物理性质与贮存方法。"老师抛出了引玉之砖，全班一下子活跃起来，学生C抢着发言："金属钠性质活泼，不能裸露在空气中，而是贮存在煤油中。""你说对了！"老师怀着歉疚的心情介绍说，"由于我的疏忽，实验前没有将沾在金属钠上的煤油处理干净，结果发生了刚才的实验事故。为了揭示上述错误原因，我不打算回头处理煤油，而是将沾有煤油的金属钠继续烧下去。请大家想想，烧的过程中，烟的颜色将发生什么变化？""黑烟之后将出现白烟。"同学们异口同声地说。老师重新点燃了金属钠，还冒着黑烟，只不过放入集气瓶后逐渐变淡。老师将燃烧着的金属钠又移至另一个集气瓶中，燃烧变剧烈了，而集气瓶中的白烟在翻滚！"同学们，你们的预言实现了！"老师向大家宣布。台下响起了热烈的掌声。

这里，老师面对因自己疏忽造成的课堂"异变"，沉着冷静，因势利导。收到了化尴尬为神奇的效果，充分展示出了随机应变之术的魅力。

5. "顺手牵羊"，为我所用

在即兴演讲中，把别人刚说的话顺手牵来归为己用，舀他人池中之水，兴自己湖中之波，既方便又有趣，只要用得自然巧妙，就可为自己的演讲增光添彩。

1948年，郭沫若在萧红墓前即兴演讲时就用了这一招。他简单谈了"五分钟演讲"之困难后，就顺手"拿来"另一位演讲者的话："我听了刚才×先生的两分钟演讲，太漂亮了！他说，人民的作家萧红女士,一生为人民解放事业奔走,到头来死在这南国的海边,伙伴们把她埋在这浅水湾上。今天,围绕在她周围的都是年轻人,今后的日子里不知有多少年轻人来围绕着她。朋友们!我们是年轻人,我们没有悲伤,我们没有感慨,请大家向萧红女士鼓掌!太好了,我的5分钟演讲只好改变计划了,让我把年轻引申来说一下吧。"他的话立即使气氛变得轻松活跃起来。本是重复他人,却说出了自己想说的意思。既赞扬了别人,又为自己演讲助了兴。真可谓一举两得。

让结尾回味无穷

精妙的结尾既是收束,又是高峰;既水到渠成,又戛然而止;既铿锵有力,又余音袅袅;既别开生面,又来得自然。

一个好的结尾能给人留下深刻的印象,久久不能忘怀,这对于演讲来说十分重要。较为常用的结尾方式有以下几种:

1. 总结式结尾

演讲结束时,演讲者在分析论证了问题之后,对所述内容做个简洁扼要的归纳总结,一则加深听众印象,二则进一步突出主题。这种方式有利于听众对演讲主题进行把握。

2. 号召式结尾

在听众情感激发的基础上,运用具有鼓动力、感召力的语句向听众发出呼吁。这种方式适用于不仅要"使人信",而且要"使人动"的目标明确的演讲。

3. 赞颂式结尾

利用人一般都喜欢听赞扬话的心理,选用合适的赞颂词语作为演讲的结束语,感染力强,容易与听众产生情感上的共鸣,也利于把演讲推向高潮。在双方关系融洽的氛围中,使演讲的内容在听众心中留下更为深刻的印象。这种方式要注意适度,不要给人留下矫揉造作的印象。在使用时一定要有感而发,情之所至,不要凭空赞颂,更不要无病呻吟。

4. 诗词、格言式结尾

引用名人的话语或诗句、格言做结尾。这类方式用好的关键在于:所引语句必须与所述内容相吻合,引句的内容确实高度凝练、精辟,且为人熟知。这种结尾使演讲在生动、经典的语句中结束,而且极富节奏感,可以增加演讲的艺术感染力。

5. 幽默式结尾

以一句幽默诙谐的话来结束演讲。在生动、活泼的气氛中结束演讲,对加深印象无疑是有益的。但这种方式的运用,须特别注意场合的适应性。

6. 激发高潮式结尾

激发高潮是很普遍的结束方法。这通常很难控制,但是如果处理得当,效果就会好得出乎意料。整个演说逐步向上发展,在结尾时达到高潮,句子的分量也愈来愈重。

林肯在一次有关尼亚加拉大瀑布的演说中，运用了这种方法：

"这使我们回忆起过去。当哥伦布首次发现这个大陆，当基督在十字架上受苦，当摩西领导以色列人通过红海，甚至当亚当首次自其造物者手中诞生时，那时候和现在一样，尼亚加拉瀑布早已在此地怒吼。已经绝种但其骨头塞满印第安土墩的巨人族，当年也曾以他们的眼睛凝视着尼亚加拉瀑布，正如我们今天一般。尼亚加拉瀑布与人类的远祖同期，但比第一位人类更久远。今天，它仍和一万年以前一样声势浩大。早已死亡，而只有从骨头碎片才能证明它们曾经生存在这个世界上的史无前例的巨象，也曾经看过尼亚加拉瀑布。在这段漫长无比的时间里，这道瀑布从未静止过一分钟，从未干枯，从未冰冻，从未合眼，从未休息。"他的每一个比喻都比前一个更为强烈，他把他那个时代拿来分别和哥伦布、基督、摩西、亚当等时代相比较，因而累积了效果，达到了高潮。

所以，精妙的结尾既是收束，又是高峰；既水到渠成，又戛然而止；既铿锵有力，又余音袅袅；既别开生面，又来得自然。

说话要有感染力

优秀的演讲者是美的使者，成功的演讲活动是对美的传播和塑造。

说话富有感染力的人，自然会给周围的人带来快乐，也会给自己增添不少魅力的光彩，同时，他的话很容易被人听进耳朵里。说话的感染力在演讲中的体现最为典型。

一个演讲者的感染力可以说成是他演讲的生命力，如果一次毫无情感和美感的演讲摆在人面前，可能大家会感觉无趣而走开。演讲者的情感越深厚，就越能吸引人、打动人，越能拨动每一个听众的心弦。

成功的演讲者总是很善于以独特的眼光和艺术的敏感，去发现和选取生活中那些独具浓厚感情的演讲，也很善于以独特的艺术智慧去构思和表现，这是独特性的双重内容。

演讲艺术情感是演讲家创造性劳动的体现，它不是对生活感受的简单复述，而是进行提炼和加工。只有这种独特的艺术情感，才可能是富有魅力的，才可能给人以强烈的艺术感染。演讲实践证明，一位演讲者所传达的感情越是独特，对听众的影响就越大。独特的认识宛如闪电，照亮听众的心灵；独特的情感宛如惊雷，震撼听众的心灵；独特的演讲是激情的表达，是演讲风格的表现。

演讲术辩证法特点之一,表现在理性与情感的统一。只强调理性和逻辑,而不重视情感的表达,往往会起消极作用,会降低听众的接受程度。而在演讲中做到理性和情感的统一,做到在热烈的情绪中体现深刻的主题和内容,才能保证演讲能取得预期的成功。

演讲的感染力还有一个重大来源,即演讲美感。

优秀的演讲者是美的使者,成功的演讲活动是对美的传播和塑造。一般来说,演讲美感包含以下几个方面的内容。

1. 演讲者的态度美

它是指演讲者显示出的一种刚烈、强劲、雄浑、博大、激昂,甚至悲壮的美。这样的演讲始终充满着真与假、美与丑之间的激烈斗争,显示出磅礴的气势和战斗的风采,它给听众的是信念,是力量,是付出巨大代价而必然战胜假丑恶的坚定,是无私、勇敢,甚至牺牲所显示出来的伟大的精神力量。这样的演讲往往是慷慨陈词、壮怀激烈,语言短、节奏快、掷地有声,并伴有坚定、昂扬、奋起般的情态动作,显示出对抗的、抨击的、不屈的凛然正气。

2. 演讲者的人格美

它是演讲美的重要组成部分,是演讲反映出来的演讲者的道德美、情操美、品格美,是演讲者内在精神美在演讲过程中的真实表露。

演讲者的人格美并不是为演讲的需要专门设计的,也不是在演讲时临时形成的,而是演讲者平时一贯表现的人格美,它是演讲人格美的基础和源泉。一个演讲者如果平时不注重对人格美的培养,仅靠临时装扮是无济于事的。

表现一贯的人格美包括气节修养、理想修养、品质修养、言行修养、情感修养和理论修养,等等。

3. 演讲的内容美

它与演讲的形式美和人格美统一构成演讲美,在演讲美中占主体地位,是具有决定性的要素。演讲的内容美是由演讲的事物、道理、情感和知识4个要素构成的,但却不是4个要素相加之和。4个要素必须形成一个和谐统一的整体,才能构成内容美。内容美只属于事物、道理、情感和知识相互联系、相互作用、和谐统一形成的整体结构,而不属于某个单一要素。

演讲美感是这三大方面高度、灵活的统一,在美感中加入情感,共同构成了一篇成功演讲词的感染力。苏联著名作家阿·托尔斯泰是高尔基的学生,他在高尔基的追悼会上发表的对恩师的悼词"用永不颓丧的词语高举艺术的火炬",给听众留下了深刻而难忘的印象,并且让人信服,乐于把一些思想见解,自然而然地吸纳并转化为自己的认识,这完全得益于他在制造感染力方面的天赋。

"高尔基是位能深刻、准确反映革命历史时代的艺术家,列宁是位革命的领导者。

"伟大人物在历史上的存在不是具有两个日期:生日和忌日,

而仅仅只有一个：他们的诞生日。

"在这座古老的广场上，人民几千年来都在为自己创建着国家，为大众建立了国体的最高形态。我们在这儿聚会，是为了把这位不仅属于我国，而且属于世界人民的作家的骨灰盒安放进名人墓。

"艺术家高尔基的诞辰是在19世纪60年代。少年彼什科夫在自己心灵美妙的深处积聚了革命前那个时代所有爆发性的力量：积聚了受屈辱、受压迫人们的满腔悲愤、所有令人痛苦的期盼、所有寻找不到出路的激情。"

阿·托尔斯泰把自己对于文学恩师的真挚、深厚、浓烈的感情，凝聚在一篇短小的千字悼文中，使这篇演讲词充溢着显著的感情色彩和对自己民族、时代的文学巨人的深刻的理解与由衷的钦敬，读来非常感人。

如果我们平时说话能有演讲词一半的感染力，那我们所说的话就很容易打动对方，得到更多的认同。

第四章 攻心有术，用正确的钥匙打开心门上的锁

示弱的话让你赢得别人的同情

弱者更能引起别人的同情,同样,说一些示弱的话更容易打动人心。

示弱的话能够引起他人的同情,从而打动人心。在日常生活中,巧用悲切、示弱的语言,与对方拉近距离,使对方产生"同命人"之感,从而唤起对方的同情,也不失为说服人的一个好方法。

说示弱的话,是有技巧的,你不妨试试下面的方法。

1. 把不幸形象化、具体化

把不幸形象化、具体化,是指避免直接、抽象地描述不幸者所承受的痛苦,而将这些痛苦形象化,使之成为人们可感可触的东西。

因为抽象的表述再翔实,也无法充分调动人们复杂丰富的感受,只有当这些不幸和痛苦凸显化、立体化,成为可感可触的东西时,人们才会产生联想,才会有真切的体验,内心的同情与感动才会被激发出来。

一个寒冷的冬天,纽约一条繁华的大街上,有一个双目失明的乞丐。乞丐的脖子上挂着一块牌子,上面写着:"自幼失明。"

有一天,一个诗人走近他身旁,他向诗人乞讨。诗人说:"我也很穷,不过我给你点儿别的吧。"说完,他便随手在那乞丐的牌子上写了一句话。

那一天,乞丐得到很多人的同情和施舍。后来,他又碰到那个诗人,很奇怪地问:"你给我写了什么呢?"

诗人笑笑,念着牌子上他写的句子:"春天就要来了,可我却看不见它。"

为什么"自幼失明"4个字换成了"春天就要来了,可我却看不见它",乞丐就得到更多的同情和施舍呢?这正是因为后者比前者更具体、更形象,不但暗含了"失明"这一不幸事实,而且表达了乞丐渴望像街上行人一样亲眼看到春天的心理感受。人们看到这句发自内心的独白,自然会联想到自己的幸运,从而对乞丐的不幸给予深深的同情。

2. 强调信任与背叛的反差

这种说法是指细致描述不幸者对背叛者毫无保留的信任和关爱,突显出背叛者可恨可耻,激发人们对不幸者的同情。

每个人恐怕都有被自己信任的人出卖的挫折体验,这种体验不仅让我们对背叛者深感痛恨,而且内心会产生说不出的委屈与酸楚,我们对背叛者付出的信任和关爱越多,这种委屈与酸楚就会越强烈。针对这一心理,我们可以强调背叛者的背叛不仅仅给爱他的人带来了利益上的损失、肉体上的伤害,更重要的是,给其带来了巨大的心灵痛苦。相似的体验会激起人们强烈的心灵共鸣,使他们无法不动情。

恺撒遇刺后，在安葬他时，他的旧部安东尼发表了极为动人的演讲。在演讲的高潮部分，安东尼走下讲台，站在恺撒尸体旁，对着听众们说："你们要有眼泪，现在就尽情地掉吧。恺撒穿的这件大袍，是你们大家熟悉的。我还记得，恺撒第一次穿上这件大袍的时候，是在一个夏天的晚上，那天正是征服爱威领地的光辉日子。现在你们看：卡西乌斯的刀子是从这里刺进去的；加斯加在这里捅了一刀；这个地方，正是恺撒最宠爱的布鲁图斯刺穿的。刀子抽出来时，恺撒鲜血淋漓，好像已跑出门来问：'恺撒是那样爱布鲁图斯啊，难道布鲁图斯也忍心下此毒手吗？'啊！天知地知，恺撒是何等爱布鲁图斯，这一刀，是无情无义的一刀。恺撒看见他们都来杀他，'无情'两个字所造成的伤痛会比刀伤厉害得多。各位，请想一想，这是怎样一个大冤劫啊！照这样下去，你我不都是在劫难逃吗？你们怎么也哭起来了？我发现你们也是有天良的人啊，大家都在同洒伤心之泪，你们这些善良的人，才看见恺撒的一件衣服就如此悲痛，你们还没有看见他的尸体呢，他的尸体在这里，你们看，被这些大逆不道的叛徒弄成这个样子了！"

在这段演讲中，安东尼没有过多强调背叛者的刀刃给恺撒带来的肉体痛楚，而是强调恺撒对仇敌们糊涂的信任与爱，强调这场背叛给恺撒带来的心灵痛苦。人们看到这样一位杰出的领导者竟因为对部下的宠信而遭到如此不幸的结局，这种"恩将仇报"的冷酷现实无法不令他们的内心掀起巨大的波澜。

贬低自己，让人先从心理上松懈

通过贬低自己，让人先从心理上松懈，在此基础上，想要再攻破对方的心理防线就容易很多。

许多人都懂得高捧他人的方法，不过，有人会认为那样的做法实在令人羞赧，而产生排斥的心理。大家都玩过跷跷板，如果一边贴地，跷跷板的另一边必定是在高空。而这个跷跷板的原理，也可以适用于人际关系中。亦即适时地贬低自己，相对地捧高对方。使用这种方法，高捧他人，可以让他人的心理变得松懈。

进一步说，如果对他人采取轻视的态度，这对自己绝无半点儿好处。因为你刺伤他的自尊心，他则会对你产生敌意，从而影响你的人际关系。

例如，我们参加开业典礼时，即使那是一家不怎么样的店铺，我们也要恭维地说："这店铺看起来真不错，室内的装潢也很考究。不像我经营的那家，门没做好，窗户也是一大一小的。"这样将对方和自己做具体的比较，并技巧性地批评自己略逊对方一筹，对方将因被人高捧而产生优越感，心里更舒服。

相反，如果以轻视的口吻对主人说："店铺的柜台再宽一点儿会比较好。你们下次整修时可要记住啊！"对方听到这样毫不客气的批评，一定会大感不悦，从此对你产生敌意。

我们不妨利用"贬低自己"的诀窍，捧高对方，达到感情投资的目的，如此，成功便离你不远了。

某年年底，日本一家电视台为了要举办迎新晚会，邀请了一些颇有知名度的演艺人员参加。当时摄影棚里准备了一桌美味佳肴，还有装饰豪华的背景。虽是迎新晚会，但演艺人员却因紧张而个个面色凝重，气氛严肃。

就在大伙儿面面相觑的时刻，橘家圆藏突然摆出一副天真的小孩模样，竟然吃起摆在桌上的菜肴，还津津有味地说：“真好吃啊！各位，我先用啦！”大家看到这样有趣的画面，每个人都把心情放松，严肃的气氛顿时消融。

脱口秀表演者橘家圆藏贬低自己，把自己当天真的小孩来改善所有人的心情，这需要相当的智慧。

一家酒店正在为员工们举办除夕宴会，并邀请员工眷属共同参与，员工们的先生、太太、孩子齐聚一堂。然而，在这种大众齐聚的场合里，平日谈笑风生的男女服务生却哑口无言，场面有点尴尬。这时，一名男性员工勇敢地站起来同大家打哈哈，企图活跃僵化的气氛，他笑嘻嘻地给大家讲自己昔日的失恋经历、炒股票赔了不少金钱，以及在家中挨老婆责骂等故事。当众人听完这位男性员工的故事后，整个会场的气氛便开始热闹起来了。

或许有人仍没有勇气这样做。没关系，对于比较害羞的人，还有一个高捧他人的技巧。例如，与其他人第一次见面时，在双方互相不了解的情况下，彼此心中可能都会提高警觉，谈话也总是不够起劲儿，因此对话尴尬又不自在。这时，不妨以自己的失败经验当话题。这样一来，即使是不擅高捧他人的人，也能因此达到贬低自己高捧他人的效果。

炫耀自己会引起别人的反感，而谈及自己的失败经验，更能打开对方的心扉，让对方坦然地接受你。所以，先贬低自己再与他人谈话，实在是一种高明的攻心之术。

面对品行不端之人，更不能说得罪人的话

宁得罪君子，勿得罪小人。在那些品行不端之人面前，说话更要注意，尤其不要说得罪人的话。

与人交往时，一定要谨小慎微，睁大双眼，时刻提防品行不端之人。与这种人共事时，一定要小心，否则一旦你得罪或是激怒了他们，往往会使自己陷入困境，这就是我们通常讲的"宁得罪君子，不得罪小人"的原因。

春秋时期，宋、郑两国正准备开战，为了鼓舞士气，宋国的统帅华元在战前杀了一些羊，提前犒赏跟随自己的三军。但由于一时疏忽，在吃肉喝酒时，华元没有请自己的驾车人羊斟。等到双方开战时，羊斟说："前天杀羊犒劳将士由你做主，今天赶马驾车由我做主。"于是，羊斟故意将马车驶入敌军之中，致使华元被俘，最终造成宋军大败。

由此可见，品行不端之人很爱记仇，而且报复心重，虽然表

面上与你和和气气，而一旦有合适的机会，他们就会立即动手，睚眦必报。你对他们的好，也许他们根本不会记在心上，但是，你如果有一点儿没有满足他们的要求，那么，报复不知何时就会落到你的头上。

对于胸怀坦荡的君子，你可以随时拒绝他的要求，只要说明理由，他会理解你的难处和处境。君子对自身的缺点和不足向来不避讳，而且对指出自己缺点的人常怀感谢之心。与这样的人交往，你可以袒露心扉，说话做事不用留有戒心。相反，与品行不端之人交往时，虽然你不用全面将自己武装起来，但一定要有保护自己的好办法，尽量不让品行不端之人接近你，谨防他在背后给你一记闷棍。

战国时期，有一天，齐国的大将军夷射受齐王之邀参加酒宴，兴奋之余，多喝了几杯，不胜酒力的他很快便酩酊大醉，于是，想到外面透透气，清醒清醒。

门口的守卫曾受过刖刑（断足，古代的一种酷刑），他看见夷射刚喝过酒，于是，就上前恳求道："若有剩酒，请赐我一杯！"

"你说什么？像你这样的囚犯，居然敢向我要酒喝，真是胆大妄为的狂徒！"夷射大声地说道。

守卫还想上前恳求，但夷射已经转身离开了。此时，正巧天空下起了小雨，门前的小洼地蓄积了一小滩水。

第二天清晨，齐王出门看到了这滩水，于是，脸上便露出不悦，生气地说："是谁在这里随意小便？"

守门人诚惶诚恐地回答道:"我不太清楚,昨夜只有大臣夷射曾在这儿逗留过,我并没有看见过其他人。"

结果,齐王立即赐给了夷射毒酒。

历史的教训是惨痛的,有了这些前车之鉴,身处职场的我们更应该提防品行不端之人在自己背后下绊子!

在工作中,你可能会遇到那种表面上和和气气,私底下却处处与你唱反调的人。假如我们真与这样的品行不端之人共事,必须"待小人要宽,防小人要严"。也就是说,要少说多听,不轻易向周边人许诺;在敌我不明的情况下,切记不要贬低他人,尤其不要对品行不端之人的行为指指点点,尽量减少与品行不端之人的交往,以防他获取更多关于你的消息,或是发现你的软肋。

此外,对于品行不端之人的要求,能答应的尽量答应,能办到的尽量办到。对于那些不能办到的事情,切记不要一口回绝,而是要婉言拒绝。对品行不端之人一定要"礼而敬之,敬而远之",不去招惹他,更不要与他开玩笑。要知道,品行不端之人是喜怒无常的,随时都可能会翻脸不认人,如果你与这样的人开玩笑,说不定他会暗自当真,私底下让你吃不了兜着走。

常言道:"小人故当远,然亦不可显为仇敌。"所以,智者从来不与品行不端之人结怨,更不会与品行不端之人为敌。即使知道身边有品行不端之人,也会故意疏远他或是回避他。

那么,到底什么样的人算是品行不端之人呢?

事事顺我意,只知道一味阿谀奉承,将马屁拍得山响,永远都只会说"是、对"的人。

阳奉阴违，当面一套，背后一套。

总是莫名其妙地怀疑所有人，觉得对方有什么不可告人的秘密，不相信任何人。

狐假虎威，欺上瞒下，总是拿着鸡毛当令箭。

总在背后嘀嘀咕咕地说人坏话，而当面却与人一片祥和。

见风使舵，有荣誉就是自己的，有困难就躲。

不惜一切代价取得名利。

见不得别人过得比自己好，否则就会心生嫉妒，想方设法暗中搞破坏，或是怀着极强的报复心理。

有才但不用在正地方，专门琢磨人，极爱说风凉话。

总而言之，我们要防范品行不端之人使坏，首先就要先"正"己。正身、正己、正思想、正风气，这样一来，世界上就没有品行不端之人的立足之地了。

言语上让人一步，行动上先人一步

"路径窄处，留一步与人行"是值得我们学习的人生哲学。要知道，言语上隐忍，行动上好强，才是大智慧。

以退为进，是人际关系学中不可多得的一条锦囊妙计。你表现得以他人利益为重，实际上是在为自己的利益开辟道路。在做有风险的事情时，冷静沉着地退让一步，则更容易获得成功。

清河人胡常和汝南人翟方进一起研究经书。胡常先做了官，但名誉不如翟方进好，所以心里总是有些嫉妒，与人议论时老是不说翟方进的好话。翟方进听说了这件事，就想出了一个应付的办法。

胡常时常召集门生，讲解经书。每到这时候，翟方进就派自己的门生到那里请教疑难问题，并认认真真地做笔记。

时间一长，胡常就明白了，这是翟方进有意推崇自己，于是心中十分不安。后来，胡常也不在别人面前贬抑翟方进了，反而赞扬翟方进的种种优点。

尊重并突出别人的观点和利益，这是我们欲求他人合作，并实现自己利益的最有力法宝。

明朝正德年间，朱宸濠起兵反抗朝廷。王阳明率兵征讨，一举将其擒获，立了大功。当时深受皇帝宠信的江彬很嫉妒王阳明，认为他夺走了自己大显身手的机会。于是就散布流言说："原来王阳明和朱宸濠是同党，后来听说朝廷派兵征讨，才抓住朱宸濠以自求解脱。"他想嫁祸王阳明并将其抓住，作为自己的功劳。

在这种情况下，王阳明和张永商量说："如果退让一步，把擒拿朱宸濠的功劳让出去，可以避免不必要的麻烦。假如坚持下去不妥协，那么江彬就会狗急跳墙，做出伤天害理的无耻勾当。"

于是，王阳明把朱宸濠交给张永，让他重新报告皇帝说："朱宸濠被抓住了，这完全是总督军江彬的功劳。"如此一来，江彬就没有话可说了。

王阳明称病到净慈寺休养。张永回到朝廷后，大力称颂王阳明的忠诚。王阳明以退让之术，避免了飞来横祸。

如果说翟方进以退让之术，最终为自己化解了一个敌人，那么，王阳明则以退让之术保全了自身。

30岁就担任美国芝加哥大学校长的科学家帕金森在当时受到不少质疑。但他用一句话就轻松化解了大家的质疑与不满。帕金森说："一个30岁的人知道的那么少，需要依赖他的助手兼代理校长那么的多。"帕金森面对别人的质疑，并没有尽量去表现自己的才能，并没有去证明自己比别人都强。正因为他懂得谦虚比自夸更容易让别人信服的道理，才得到了大家的最终认可。

如果能懂得"以退为进"的道理，便能舍小利而占得先机。

在适当的时机和场合做出让步，使让步的作用发挥到最大，这是我们要达到的终极目标。但在谈判的实际过程中，时机是非常难以把握的，必须审时度势，果断应对。

在商务谈判中，若谈判者仅仅根据自己的喜好、兴趣、成见、性情等因素使用让步策略，而不顾及所处的场合、谈判的进展情况及发展方向等，不遵从让步策略的原则、方式和方法，这种随意性会导致让步价值缺失、让步原则消失，进而促使对方的胃口越来越大，在谈判中丧失主动权，导致谈判失败，所以，在使用让步策略时千万不要太随意。

在商务谈判的让步策略中的清晰原则是：让步的标准、让步的对象、让步的理由、让步的具体内容及实施细节应当准确明了，避免因让步而导致新的问题和矛盾。常见的问题有：

让步的标准不明确，使对方感觉自己的期望与你的让步意图错位，甚至感觉你没有在问题上让步而是含糊其词；

在谈判中你所做的每一次让步必须是对方所能明确感受到的，也就是说，让步的方式、内容必须准确、有力度，对方能够明确感觉到你所做出的让步，从而激发对方的反应。

如果迫不得已，己方再不做出让步就有可能使谈判夭折的话，也必须把握住"此失彼补"这一原则。即这一方面（或此问题）虽然己方给了对方优惠，但在或其他方面必须加倍地，至少均等地获取回报。

当然，在谈判时，如果发觉此问题己方若是让步可以换取彼处更大的好处时，也应毫不犹豫地向其让步，以保持全盘的优势。

当让则让：得势饶人会说顺情话

得饶人处且饶人，待人宽厚一点儿，不把事做绝，得势时说一些顺情话，日后你有什么难处，别人也不会咄咄逼人，逼你走向绝境。

俗话说"理直气壮""有理走遍天下"。但这并不是说有理就一定要不依不饶，不给别人留退路。在得理的情况下退让一步，对方一定会称道你的宽宏大量，对你心怀感激。

汉朝时有一位叫刘宽的人，为人宽厚仁慈。他在南阳当太守时，小吏、老百姓做错了事，他只是让差役用蒲鞭责打，表示羞辱，此举深得人心。

刘宽的夫人为了试探他是否像人们所说的那样仁厚，便让婢女在他和下属集体办公的时候捧出肉汤，装作不小心的样子把肉汤泼在他的官服上。要是一般的人，必定会把婢女责打一顿，即使不如此，至少也要怒斥一番。而刘宽不仅没有发脾气，反而问婢女："肉汤有没有烫着你的手？"由此可见，刘宽的度量确实大。

还有一次，有人曾经错认了他驾车的牛，硬说刘宽驾车的牛是他的。这种事要是换了别人，不将那人拿到官府去治罪，也要狠揍他一顿。可刘宽什么也没说，叫车夫把牛解下给那人，自己步行回家。

后来，那人找到了自己的牛，便把那头牛还给刘宽，并向他赔礼道歉，而刘宽非但没责备那人，反而好言安慰了他一番。

这就是有理让三分、得理且饶人的做法。刘宽用其度量感化了人心，也赢得了人心。

在重大的是非问题面前，我们自然应当不失原则地坚守真理。但在日常生活中，若为一些非原则性、鸡毛蒜皮的问题争得不亦乐乎，以至于非得决一雌雄才算罢休，就未免有些小题大做、得不偿失了。

例如，当一个人犯错后受到你的责骂时，心里可能不断嘀咕："这么小的过错，犯不着啰唆个不停嘛！"

在这种情况下，如果有"理"的你表现得大度，就能显示出你的修养，反而更能让他人钦佩，更易征服人心。下面介绍3条适时退让的方法：

1. 要冷静地思考

当人们遇到对抗或者攻击时，会不自觉地为自己找理由辩护，这就是争论的开端了。因此，应该先冷静地听完对方所有的观点，客观地分析和思考，说不定真能从中获得极大的益处。

2. 各自退让一步

日常生活中，常有一些人固执己见，容易为一些小事同别人争论，而且火药味浓烈。这时，得理的一方应当有饶人的雅量，可以一面解释一面折中调和，最好使用不带刺激性的言语，以避免冲突的扩大。

有一个年轻人去一位同事家吃饭，这位同事是一个从事公路建设的老技术员。进餐时，两人聊起了一条高速公路的修建问题。

年轻人说：公路的进度一再推迟，是有关方面的一个严重错误；而老技术员则不同意，认为公路本来就不该兴建。

两人你一言我一语，争论渐趋激烈。

后来，那位老技术员把问题扯到"年轻人私心重，没有环保意识"上面，显然是在批评那个年轻人。年轻人怕再争论下去会伤和气，便开始缓和下来，他婉转地说："可能我们的看法永远也不会相同，可是，那没有什么，也许我们都是对的，也许我们都是错的。"

年轻人的一席话，不仅给自己搭了台阶，也给争论双方打了圆场，避免了冲突的扩大。

3. 耐心解释

很少时候，人和人之间的怨怼是因为互不了解、缺少沟通造成的。这时，得理的一方切不可以怒制怒，最好的方式是多加解释，想办法沟通、道歉、劝慰，与对方达成共识。

宽厚和善是一种修养，一种气度，一种品德，更是一种艺术。如果我们具备了这种宽厚和善的心态，给人给己留条出路，那么我们与别人的关系就会变得更加和谐。

抢先认错，让对方从另一面肯定你

与人发生矛盾时，如果能够抢先认错，无疑会让人从另一面肯定你，矛盾也会更容易得到解决。

当错误出现之后，应该有主动自我批评的勇气，这是提升自我修养的重要内容。品德高尚的人，心胸坦荡，不掩饰自己的缺点和错误，勇于批评和自我批评；缺乏涵养的人，心胸狭窄，虚荣心强，不仅容不得别人的批评，而且也羞于做自我批评。

有这样一则故事：

卡耐基常常带着他的爱犬去公园散步，当时的纽约有一条执行得并不是非常严格的规定：凡是带狗外出的，无论有没有戴锁链，都要给狗戴上口罩。

有一天，卡耐基牵着狗在公园里散步，看见不远处有一位巡逻员正在教育没给小狗戴口罩的人，那个人很激愤地和巡逻员争辩着，说他的小狗还很小，不会咬人的，并且怒斥巡逻员有什么了不起的，最终被处以10美元的罚款。

卡耐基见状连忙换个方向继续散步，但很不幸的是，几分钟后，他还是碰见了那位巡逻员。

卡耐基在刹那间决定不等他开口就先认错："巡逻员先生，我知道错了，我没有给小狗戴上口罩，我愿意接受您的处罚！"

让人意外的是，这位巡逻员却笑着回答说："其实，谁都不忍心给这样一条可爱的小狗戴上口罩！"

"但这是违法的。"卡耐基赶紧说。没想到这时巡逻员却说："这样的小狗大概不会咬伤别人吧！"最后的结局可想而知，巡逻员只是让卡耐基以后注意，却没有施以任何处罚。

假如你能够在别人指出错误前先承认自己的错误，十之八九会得到别人的谅解或宽恕。所以，当犯了错误的时候，我们不妨拿出勇气抢先承认错误，这是一种智慧！而在人与人之间产生矛盾的时候，也可能相持不下。要打破僵局，必须要有一方先主动认错，才能重拾和谐。

人应该学会自责，不要无故地指责他人。人都有自我尊重的需要。当知道错误时，你最好在别人指责之前，抢先认错，这会使双方都感到愉快。自我批评比别人的指责好受得多。这是为什么呢？因为自责本身，既承认了对方的自尊，又维护了自己的自尊。而指责是对双方的错误和缺点进行批评和责难。虽然是一片好心，但对方往往不领情。因为指责本身否定了对方的自尊，因而必会遭到"反抗"。所以，自责是解决矛盾、消除隔阂的最好办法。在人际交往中，一旦知道自己错了，立刻自责，对方就无话可说了。

即使当时你还不能肯定自己是否错了，也最好先表示歉意。表示歉意时，一定要及时、认真、富有诚意。这样一来，对方会觉得不好意思，另一方面又充满了对你的敬佩和感激之情。回过头来，会加倍地报答你。因为你满足了他的虚荣和自尊。千万不要把道歉的时间推迟到以后，事后道歉不会有多大效果。

藏锋露拙，"示弱"比"示强"更讨人喜欢

在人际交往中，"示弱"是极高的智慧。所谓枪打出头鸟，锋芒毕露必然招来他人的不悦。要与人和谐相处，讨人喜欢，必

须学会示弱。

美国心理学家做过这样的调查,一名彪形大汉在拥堵的马路上横穿而过,愿意给他让路的车辆不到50%,而一个老弱病残人士过马路,大家会争着相让,都觉得自己做了一件好事。

对于人类来说,面对压力不低头的是有个性的人,而适当选择示弱、认输、放弃的人则是聪明的人。

生活中向人示弱,可以小忍而不乱大谋;工作中向人示弱,可以收敛棱角并蓄势待发。强者示弱,可以展示你的博大胸襟;弱者示弱,可以积累时间渐渐变得强大。

美国第九任总统威廉·亨利·哈里逊出生在一个小镇上,他小时候是个文静怕羞的孩子,人们常喜欢捉弄他。他们经常把一枚5分硬币和一枚1角的硬币扔在他的面前,让他任意捡一个,威廉总是捡那个5分的,于是大家都嘲笑他。有一天一位好心人问他:"难道你不知道1角比5分值钱吗?"

"当然知道,"威廉慢条斯理地说,"不过,如果我捡了那个1角的,恐怕他们就再没有兴趣扔钱给我了。"

与陌生人相处,适当示弱是一种真诚的体现。但大多数时候,我们都习惯于在别人面前展示自己坚强美好的一面,总想掩饰自己脆弱的一面。可是,社会心理学家指出,适当在别人面前表现你比较脆弱的一面,更容易拉近彼此间的心理距离。

向对手示弱是一种策略。示弱只为迷惑对手,使其麻痹,然后选择时机出奇制胜。

在上级或长辈面前示弱,是一种生存本领。初入社会的年轻人多不懂此理,一开始便以恃才傲物的姿态面对生活,阻断了别人向自己传授经验的机会,给自己以后的发展留下了隐患。

当然,示弱并非奴颜婢膝地献媚,这样做只会自取其辱。恰当地示弱,是为了避其锋芒,养精蓄锐,蓄势待发。这与"韬光养晦"的道理是一样的。

表现得强势,必然会让人产生距离感,给人不好相处的印象。要与人拉近距离,搞好关系,就要收起棱角,学会示弱。向人示威,人人都会;向人示弱却并非人人都能做到,因为示弱既需要勇气也是一种智慧。

人心都是肉长的,在攀缠之中添加些眼泪,可以有效地软化对方。

"泪眼战术"是示弱的一种表现形式,它不仅是女人的专利,纵观历史,男人们也善用此道。

与刘璋涪城相会时,刘备"挥泪诉告衷肠"。这次哭,使得川中军民皆以为刘备是仁慈之主。这也是刘备日后进攻西川时,川中将士多有弃甲倒戈者,百姓夹道欢迎的主要原因。

苦情戏用得好,就能达到事半功倍的效果,不能不说刘备是善用眼泪的能手。而女人的眼泪就更容易打动人心了。聪明的女人懂得善用温柔的眼泪为自己办事。

说话要有修养

口才是一种表达情意、与人交际的才能，但它不只是靠语言完成的，还要靠风度。

口才不同于在规定时间内去完成一件工作或起草一篇文章，更不像饮一杯茶、打一场球那样来得轻松愉快。口才的完善实质是很长一段时间集思想、语言行为、仪态、情绪等各个方面综合磨炼的过程，亦是内在修养的过程。在口才的积累中，这一过程应视为心理的准备与承受过程。一个人若只有语言能力，那么还不足以广受欢迎，必须抱着不同于寻常的心与人交往，才能使相处变得饶有趣味。

有些人喜欢抬杠，搭上话就针锋相对，无论别人说什么，他总要反驳。他本来一点成就也没有，不过你说"是"时，他一定要说"不"，到你说"不"时，他又说"是"了。这是最可怕的习惯，犯这种毛病的人很多，而且往往自己不知道。为什么会这样呢？因为他不喜欢听取别人的意见，在心目中只有自己，而且他自以为比别人高明，事事要占上风。即使真的见识比别人高明，这种态度也是要不得的。这种习惯会使人失去朋友和同事，没有人肯贡献给这样的人一点意见，更不敢向这样的人进一点忠告。唯一改善的方法是养成尊重别人的习惯，要知道，在日常谈论的十有八九没有绝对是非标准的问题当中，你的意见不一定对，而别人的意见也不一定错，把双方的总和再行分配，你至多有一半是对的，那么你为什么每次都要反驳别人呢？

口才是一种表达情意、与人交际的才能，但它不只是靠语言完成的，还要靠风度。

在口才的内在修养上，修养本身是修炼内在的承受力与胸怀，重要的是别把自己的工夫花在装腔作势上。我们无法更清晰地剖开所有人的"外衣"，只是我们潜意识里感到，一个人在拥有好口才的同时，一定要认清真实的自己，使心理与行为一致。通过自我研究，便能够客观地了解自己，就会发现自己的长处和短处了。如果能够养成这样一个习惯，对自己的工作、学习和生活会非常有帮助；并且只要不断地努力下去，你的潜能终会逐日显露出来，你拥有的长处也就能获得充分施展了。

说到口才修养，不得不提口德，"德"可以说是口才的灵魂。

在道义上来说，有些词语我们应尽可能避而不用，尤其是有关生理特点的矮冬瓜、瘸子、聋人，以及身份卑贱的乞丐、私生子、拖油瓶、妓女，以及白痴、阳痿、性冷淡、无生育能力……因为，一旦触及上述三点任何一方面时，对方的理智会立刻消失，代之而起的是一种动物性的原始的防卫本能，到那时就有你好看的了。

口德除了伦理道德，还包括其他一些层面，比如政治道德。这一层次对口才的影响很大，良好的政治道德情操将使你在面对任何难题时临危不乱，挥洒自如。

1931年，九一八事变前后，我国著名生物学家童第周在比利时布鲁塞尔大学做研究工作。当时，日寇炮轰沈阳，占领我国东北。这个消息激起了童第周的满腔愤慨。他联合了许多留学生，发起抗日示威游行。比利时当局以"扰乱治安罪"审讯他，他理直气壮地回答："传单是我写的，游行是我带的头！但是，这不是扰乱治安，这是中国人的志气，是完全正义的。"他用自己的高尚情操、雄辩口才，维护了祖国尊严，维护了正义，赢得了世人的尊重。

一个注重言语修养的人，一个有益于他人的人，自然容易为他人所接受，他的话也就可能被别人奉为圭臬。"文如其人"是从写作角度说的，我们也完全有理由说"言如其人"。心理上的专注力、耐受力、进取心等品质，也将使你更具个人魅力，使你的口才更富内涵。

加强沟通和交流是现代社会的鲜明特征和明确走向。毋庸置疑，一个经常发表真知灼见的人，会给人以启迪和帮助，在交际中容易取得被人认可、受人尊重、得到重视的优越位置。但是发表己见是很有一番讲究的，处理得当，你的意见便能充分展现，反之则不能如愿。对此，一定要注意下面几点：

1. 见隙发话，不抢话争话

自己有真知灼见希望尽快发表出来，这种心情是可以理解的。但你同样也要给别人发言的机会，不能迫不及待，在别人侃侃而谈时，硬是打断对方的话头儿，让自己一吐为快；或者别人正要发言时，你捷足先登，把人家已到嘴边的话硬是顶回去，自己畅所欲言。发表己见首先应具备的修养就是耐心，待别人充分发表了意见之后，或轮到你时，再发言也不迟，这不仅不会减轻你发言的分量，还会调动大家的情绪。

2. 尊重他人，不随便否定他人意见

尊重对方是交际的一项基本原则。说话是人的思想的反映，尊重他人的意见，也就和尊重他这个人一样。但有些人为使自己的意见突出，引起他人对他谈话价值的充分认同，常不自觉地对他人意见加以贬低、否定。结果引发了对方的不满和对抗，不仅自己意见未得到重视，反而遭到冷落和否定，自己的形象也受到贬损。有些善说话者在发表己见时，恰恰采取相反的态度，他们会巧妙地从不同角度对已发表出来的意见加以肯定和褒扬，甚至采取顺势接话、补充发言的方式陈明己见，这样别人就会保持一个积极的良好的心态倾听他们的高论，他们的意见圆满发表了，他们的风格也显示出来了。

3. 注重语德，不要话中含刺

发表己见应只管把自己的意见、主张陈述出来，平心静气，用语讲究，不可话中有话，含沙射影，于言辞之间讽刺挖苦别人。不可否认，别人的意见未必精当，有些还于你不利，但谈话本就是一种沟通和协商，大家都把意见亮出来了，真理和谬误自现。那种冷嘲热讽、话中含刺的方式，显然是不友好的，不仅难以达到交换意见的目的，还会导致双方形成对立关系，对别人是贬损，对你也毫无益处。

第五章 巧设玄机，让对方无法回避你的提问

做足功课，提前摊牌

主动抛出问题，就会打乱对方的心理节奏，让他自乱阵脚，自己也会逐渐在对话中占据优势。

小董是一家公司的业务员，刚上班不久就被派到外地去收欠款。欠钱的是一家实力不弱的公司。临去之前，小董还特意调查了对方的资料：实力雄厚，老板为人正直。小董想，之所以钱一直要不回来，可能因为是旧账的缘故，业务员换了好几个，程序都接不上了，这次他好好跟对方说说，应该没什么大问题。但是，直到他见到那个老板，小董才知道，他把事情想得太简单了。

小董："您好，您是这家公司的老板吧？我是××公司的业务员，我是为那笔旧账来的，您应该知道吧？"

那人一听，眉毛一横。

"旧账？什么旧账？我从来不欠人家什么！"

没想到对方会抵赖，小董就拿出了账单，说：

"要不您看看？我说得没有错，不然会来麻烦您吗？"

那人看都不看就把账单打到一边。

"什么账单？我不看，别浪费我时间了！"

小董一看，对方确实不好对付。不能再任由他这样下去了。他不认账，小董就主动问：

"你赖账也罢不赖账也罢。白纸黑字都在这写着呢，2005年20万块钱的货是怎么回事？一个叫李明的业务员从我们公司拉了货就回来了，说过几天就给钱，这都过了多少天了？钱呢？你可能会说你们公司没这个人，告诉你吧，来之前我都打过电话核实了，人还在你们公司里，哪个部门我都知道。"

"胡扯，根本没有这事！"

"还想抵赖？2005年6月份还有一笔货款没结，也说过几天。我们觉得是老客户就没追着催，这账单上都写着，上边还有您的签字和指纹，您不会说这些也是假的吧？"

"哪有签字？哪有指纹？"那人嚷着要抢账单，小董赶紧躲开了。

"来之前我已经想好了，能自己解决就自己解决，不能解决的直接跟相关部门汇报，您要是威胁我的人身安全，我就打110，没想到我会这么做吧？还想一直赖下去吗？"

之前一直非常嚣张的欠债人听到小董要报告相关部门，突然紧张得一句话也说不出来。如果被处罚，公司的损失肯定会更大，在整个业界的声誉也会非常坏。想到这里，那人就软了下来。

"年轻人，不要太冲动嘛，有事好说，还用得着惊动上级领导吗？我也是小本经营啊。"

"既然知道做生意不容易，为什么还要为难我们？非得让我这样您才满意吗？"

"好，好，我还你们欠款，今天就办！"

当遇到一个蛮横的人的时候应该怎么办呢？当这个蛮横的人又恰好欠了你东西就是不还的时候，又该怎样处理？相信这样的问题让很多人都有挠头之感。但是，他的强硬是一贯为之，还是欺软怕硬呢？

小董最开始本想用和风细雨的方式让对方还钱，他想在循循善诱间让对方明白欠债应该还钱的道理。对方提一个问题自己就回答一个。渐渐地，小董察觉到对方一直在用这种方法抵赖，而他的蛮横也让小董明白，软弱被人欺。他就决定主动出击，将问题在对方问出或者回避之前一一抛出，让他没有退路。同时，在气势上压倒他。

直到小董说会将欠债的事上报上级领导，质问对方怕不怕，欠债方才彻底服软。先前的嚣张气焰不见了踪影，取而代之的是迎合。小董问到了对方的痛处和畏惧的地方，他当然只有"束手就擒"的份儿了。试想一下，如果小董不问这样一个问题，对方可能会一直抵赖下去，心理上一直保持强势状态。主动抛出问题，就会打乱对方的心理节奏，让他自乱阵脚，自己也会逐渐在对话中占据优势。

有些人的强大是装出来的，为了达到自己的私利用假面迷惑别人，实则外强中干。这样的人，通过外在并不能看出什么端倪，只有通过交谈，才知道他的强大到底是实还是虚。而最佳的交流方式之一，就是先将存在的问题抛出，而不是被动地接受问题。

主动抛出问题代表一种强烈的寻求掌控权的思维模式，只有有了掌控权和话语权，对方的思想才能渐渐被你掌握，掌握了一个人的思想，他的心思还会无法看透吗？

反复催问，不给对方拖延之机

反复催问就是紧抓一个问题不放，不回复，不给出满意回答，就一直问下去。

办事的时候，有的人虽然在最开始遇到了阻碍，但并不气馁，总是一遍遍去催，一遍遍去问。他们这样问的目的是什么？

赵普是宋朝的大臣，他曾经做过太祖、太宗两朝皇帝的宰相，是个性格坚韧的人。有一次赵普向宋太祖推荐一位官吏："皇上，孟飞是一名难得的贤臣，他已为官多年，您是不是该考虑一下他晋职的事情了？"

因为太祖平常不喜欢这个人，对赵普的话没有理睬，赵普并没有灰心，他觉得自己是一心为公，并没有做错。第二天上朝又向太祖提起这件事，请太祖裁定，太祖还是没有答应。

赵普仍不死心，第三天又提出来："皇上，孟飞的事您考虑得如何？"

赵普3天接连3次反复地提，同僚们也都很吃惊，太祖这次动了气，将奏折当场撕碎，扔在了地上。

但令人吃惊的是，赵普又默默地将撕碎的纸片一一捡起，回家仔细粘好。第四天上朝，话也不说，将粘好的奏折举过头顶立在太祖面前不动。

太祖真是无可奈何了："若我不同意，这次你会怎样？"

赵普面不改色："有过必罚，有功必赏，这是一条古训，谁都不能更改，皇帝怎么能以自己的好恶而无视这个原则呢？"

听了这话，太祖知道没法不答应他了，就只好准了赵普的奏请。

求人办事历来是件难事，尤其是面对难啃的骨头时。有些人之所以难以请动，肯定有某种原因。例如故事里的宋太祖，赵普向他推荐的人正是其讨厌的，面对这样的人，他怎么能够轻易答应呢？但赵普是个非常执着的人，不答应他，他就使出了反复催问这一招。

反复催问就是紧抓一个问题不放，不回复，不给他满意的回答，就一直问下去。

在求太祖准许自己的奏请这件事上，赵普一共追问了 4 次。从第一次到最后一次，追问的程度越来越深。他之所以不放弃，是因为他知道不能给太祖一点儿拖延的机会，一拖延，事情成功的概率就会很小很小。而求人办事者必备的素质之一就是抗压，遇硬不怕，逢险不惊，能控制自己的情感，喜怒不形于色。

当然，赵普也摸清了太祖的心思，他之所以不答应自己，不是因为那个人的能力不行，只是因为他不喜欢那个人。因为个人的好恶而断送一个人才，是赵普不希望看到的，这也是支持他不断追问下去的原动力。

他对太祖的 4 次追问完全对事不对人，没有丝毫的恶意，只是想给国家推荐--名良臣，太祖最后答应了他，也是因为看懂了他的这份心思。

生活中求人办事的时候，遇到一时的阻碍在所难免，此时千万不可气馁，如果像故事中的赵普一样锲而不舍，事情就总有办成的一天。

巧妙引导：藏在对方需求里的劝说术

有时说服并不需要正面表达，将对方可能的答案暗含在自己的问话中，用他能接受的选项引导他，很多事情就会容易很多。

想要说服别人不是件容易的事，当你试图让别人答应某件事或者买下某件东西的时候，他常常会想：我为什么要听你的？遇到这种情况，应该怎么办呢？

小芳是某汽车公司的业务员，因为业绩突出，已经连续 3 次被评为优秀员工，她到底是怎么做到的呢？以下是小芳和顾客的一次对话。

小芳：请问你需要多大吨位的？

顾客：很难说，大致 2 吨吧。

小芳：有时候多，有时候少，对吗？

顾客：是这样。

小芳：究竟要哪种型号的卡车，一方面要看你运什么货，另一方面要看在什么路上行驶，你说对吗？

顾客：对，不过……

小芳：假如你在丘陵地区行驶，而且你们那里冬季较长，这时汽车的机器和车身所承受的压力是不是比正常情况下要大些？

顾客：是这样的。

小芳：你们冬天出车的次数比夏天多吧？

顾客：可不是嘛，多多了，夏天生意不行。

小芳：有时候货物太多，又在冬天的丘陵地区行驶，汽车是否经常处于超负荷状态呢？

顾客：对，确实是这样。

小芳：从长远的眼光看，是什么因素决定买车型号，是否留有余地？

顾客：你的意思是……

小芳：从长远的眼光看，是什么因素决定买一辆车值不值呢？

顾客：当然要看车的使用寿命。

小芳：一辆车总是满负荷，另一辆车从不超载，你觉得哪一辆更划算呢？

顾客：当然是马力大、载重多的一辆。

小芳：所以，我建议你买一辆载重 4 吨的卡车可能更划得来。

顾客：好的，我愿意考虑一下。

在以上小芳和顾客的对话中，我们并不能在最开始就准确地判断出小芳能否说服对方接受自己的意见，但有一个强烈的感受就是：小芳的话里似乎总有对方的需求和愿意接受的内容。

两个人交谈的时候，当答者对问者的问题没有表现出任何不适和反感，每次回答都能给予正面回应的时候，两人的交流就会呈现出一种良性循环。这里面暗含的意思是：回答问题者正逐渐在内心深处接受向自己提问的那个人，这种接受包括对方的问题和意见。那么，为什么会产生这样的效果呢？

在小芳的问话中，她一直将对方可能接受的答案包含其中，这个答案也是她想让对方接受的内容，这样问出来，会让对方觉得被尊重，他并没有感到自己被引导，虽然事实就是这样。

有时说服并不需要正面表达，将对方可能的答案暗含在自己的问话中，用他能接受的选择项引导他，很多事情就会容易很多。

层层剥笋有术，步步紧逼有方

恰当地运用"层层剥笋术"，可使我们的论证一步比一步深化，从而增强我们语言的说服力。

有时候，面对一时不好解决的问题，通过巧妙的问话由浅及深，层层递进，最终解决问题。

这个试验的方法运用到说服别人的时候，就是层层剥笋，步步紧逼。有的人为了让他人接受自己的意见，往往会在最开始的时候问一些看似跟主题无关的话，被问者也是非常不在意地回答，但到了最后，当被问者突然意识到问话者话里有话的时候，为时已晚，他已经掉到对方设下的陷阱里爬不出来了。

有一天，孟子觉得齐宣王的一些作为并不能与一个好国君相称，于是对齐宣王说："假如您有一个臣子把妻子儿女托付给朋友照顾，自己到楚国去了，等他回来时，他的妻子儿女却在挨饿、受冻，对这样的朋友该怎么办？"

齐宣王不知道孟子的用意，于是非常干脆地回答："和他绝交！"

孟子又问："军队的将领不能带领好军队，应该怎么办？"

齐宣王也觉得问题太简单，于是以更加坚定的口气回答："撤掉他！"

孟子终于问道："一个国家没有治理好，又该怎么办呢？"

齐宣王这才明白了孟子的意思——国家治理不好，应该撤换国君。虽然他不愿意接受这种观点，但是在孟子层层剥笋的巧妙言说之下，也只有忍受这种观点了。

故事里就是这样，孟子给齐宣王提了3个问题。这3个问题有递进的内在逻辑，与齐宣王的关联程度也越来越深，最开始他没有意识到孟子问这些话到底是因为什么。前两个问题的目的性非常模糊,直到最后一个问题提出,他才顿悟:原来,一件事做得不当,是要付出代价的,孟子是在用这样的方式提醒我啊。

这种说服法就像剥笋,笋在成为竹子之前,有很多层外皮包裹着,剥笋时总要一层层地剥开,才能得到所需要的笋心。所谓层层剥笋,就是在说服他人的过程中紧扣主题,从一点切入,由小至大,由远至近,由浅到深,由轻到重,逐层展开,直至揭示问题的本质,进而达到引诱对方就范的目的。恰当地运用层层剥笋术,可使我们的论证一步比一步深化,增强我们语言的说服力。

说服别人是要讲究技巧的,如果孟子一开始就提出第三个问题,齐宣王非但不会改,反而可能会加罪于他,这就有点儿得不偿失了。层层剖析,由浅入深,不但可以在最开始的时候隐藏自己的真实目的,还可以顾及对方的接受程度,慢慢地将对方"吃进"。

头脑博弈:策略性问题揣测端倪

想明白消费者的心意,就要学会用多种途径发掘出对方的真实需求,策略性问题就是方式之一。

作为一名销售人员,向顾客介绍产品的时候,不能一味地按照对方的需求去说。因为对方说出的需求有时并非出于真心或者自愿，这时，就需要有心的销售人员用策略性问题打探出他的真实想法，把握住对方的真心，才能提供给他真正需要的产品。

李毅是一家公司的推销员，他在接到一家企业的订购需求后前去拜访，刘小姐接待了他。

李毅："您好，是您打电话说要订购一台传真机吗？"

刘小姐："是的，公司需要，所以想要一台。"

李毅："您需要什么型号的？或者以前用的是什么型号？"

刘小姐："以前没有用过，这是第一次买，明白我的意思吗？"

李毅："噢，不好意思，我能问一下，您为什么不通过电子邮件等方式发送文件呢？"

刘小姐："接收公司邮件的公司大部分都是老资格的企业，他们的经营理念和办事风格虽不能说墨守成规，却也真的有些老旧了，但有什么办法呢？他们是我们的上帝，我们有责任满足对方的需求。而且买传真机的事是经过几个同事商量后得出的结论，买就买吧。"

李毅："但是，我看得出来，您并不是非常情愿，是更倾向于用电子邮件等方式发送文件吗？"

刘小姐："谁说不是呢？我也想过了，发传真也不是经常的事，只是有时忙了发一些，接收传真的第一人也不是老板而是文秘。唉，但是没办法，都已经这么定了，你还是给我介绍一下产品的具体情况吧。"

李毅:"刘小姐,既然买传真机的事情不是对方要求您办的,我看也不必非得买。您不妨试试其他的产品?"

刘小姐:"你是指什么?"

李毅拿出一套电脑传真软件说:"这是一套电脑传真软件,它的优势是自动安装,传送文件准确率高,速度快。价钱还非常便宜,您不妨试试这个。"

刘小姐:"哦,是吗?那你给我详细介绍一下吧。"

李毅本以为刘小姐是想订购一台传真机的,但通过交谈得知,对方的真实想法是:我并不十分喜欢传真机,我更倾向于其他新型的传输方法。从这样的想法可以看出:对方需要的只是一种能传文件的工具,传真机只是有些应付差事的表达。那么,李毅是怎么发现这点的呢?首先,他就传真机的问题询问刘小姐,发现对方并不十分精通,而且似乎不喜欢回答相关问题,当他询问其他更便捷的传输方式时,刘小姐的精神状态马上好了许多。李毅就马上断定,对方的真实需求跟她刚才的表达有误差,而这种误差如果不去试探性地询问,就不会发现。同时,李毅运用了新旧两种产品的对比法:传真机并不合适您,电脑传真软件更快捷更便宜,两者一对比,进一步把顾客的真实需求挖掘出来。提供给对方的需求才能真正符合对方的心意。

在产品销售的过程中,最让消费者满意的产品不一定是质量最好,外观最漂亮的,却一定是最合消费者心意的。想明白消费者的心意,就要学会用多种途径发掘出对方的真实需求,策略性问题就是方式之一。

策略性问题不是故意套对方的话,而是为了给其提供最满意的需求而采取的一种问话措施,掌握这种问话方式,就能更主动地把握消费者的心理和销售时的主动权。为对方提供最急需、最合适的产品,他还会拒绝你吗?

看透对方心理,掌握谈话主动权

让步不是无谓的退缩,而是在谋划周全后,为了争取最大的利益而做出的举动。

在谈判中,一味地用和气、温柔的语调讲话,一个劲儿地谦虚、客气、退让,有时并不能让对方信赖、尊敬以及让步,反而会使一些人误以为你必须依附于他,或认为你是个软弱的谈判对手,可以在你身上获得更多、更大的利益。

相反,如果一开始就以较强硬的态度出现,从面部表情到言谈举止,都表现出高傲、不可战胜、一步也不退让,留给对方的也将是极不友好的印象。这样会使对方怀疑你的谈判诚意,从而导致失去对你的信赖和尊敬。那么,正确的方法应该是怎样的呢?

下面故事中的谈判给我们提供了答案。

1923年,苏联国内食品短缺,苏联驻挪威全权贸易代表柯伦泰奉命与挪威商人洽谈购买鲱鱼。

当时,挪威商人非常了解苏联的情况,想借此机会大捞一笔,他们提出了一个高得惊人的价格。柯伦泰竭力进行讨价还价,但双方的差距还是很大,谈判一时陷入了僵局。柯伦泰心急如焚,怎样才能打破僵局,以较低的价格成交呢?低三下四是没有用的,而态度强硬更会使谈判破裂。她冥思苦想终于想出了一个办法。

当她再一次与挪威商人谈判时,柯伦泰十分痛快地说:"目前,我们国家非常需要这些食品,好吧,就按你们提出的价格成交。如果我们政府不批准这个价格的话,我就用自己的薪金来补偿,你们觉得怎么样?"

挪威商人听了她的话,一时竟呆住了。

柯伦泰又说:"不过,我的薪金有限,这笔差额要分期支付,可能要一辈子,怎么样,同意的话咱们就签约吧!"

柯伦泰的这句话虽然让挪威商人很感动,但也感到了其中某种强硬的意味,要还一辈子?这里面似乎已经没有讨价还价的余地。最后,经过一番深思熟虑,他们最终同意降低鲱鱼的价格,按柯伦泰的条件签订了协议。

本来是紧张的商业谈判,最后却因为一方的示弱发生了意想不到的改变。这种示弱在商业谈判中叫作"软硬兼施"。当谈话陷入僵局,双方各执一词争执不下的时候,要想让谈判继续下去,一方就要做出让步。让步不是无谓的退缩,而是在谋划周全后，为了争取最大的利益而做出的举动。

柯伦泰在双方分歧较大的时候提出，用自己的薪金买挪威人手中的货物，还言辞恳切地询问对方的意见如何。这些话麻痹了对方的神经，以为她真的会按自己说的去做，没想到这只是柯伦泰的一种策略。而且，她最后说如果是自己付钱，恐怕要还一辈子。

通常来讲，谈判双方实际上就是在讨价还价，但柯伦泰的"一辈子"让对方一时语塞，不知道该怎样回答，这就是一种强硬。先软后硬让对方无所适从，柯伦泰正是看透了对手的这种心理，才在谈判陷入僵局时，掌握了主动权，最后以较低价格签订合约。

无论是生活中还是谈判桌上，当我们遇到类似于故事中那样的局面时，不妨试用一下软硬兼施的谈判方式，熟练掌握，很可能会取得意想不到的好结果。

故意褒贬，吹毛求疵有玄机

不断揪出产品所谓的毛病，不断提出问题，精明的采购员在提问题的同时，也是不断挑战对方底线，降低己方成本的过程。

商务谈判中，谈判者有什么办法能让对垒者在本不情愿的情况下做出让步，降低价格呢？那些不断对你手中的产品"横挑鼻子竖挑眼"的人的真正用意是什么？你的产品真的有那么差吗？

有一次，某百货商场的采购员到一家服装厂采购一批冬季服装。采购员看中一款皮夹克，问服装厂经理："多少钱一件？"

"500元一件。"

"400元行不行？"

"不行，我们这是最低售价了，再也不能少了。"

"咱们商量商量，总不能要什么价就什么价，一点儿也不能降吧？"

服装厂经理感到，冬季马上就到了，正是皮夹克的销售旺季，不能轻易让步，所以，很干脆地说："不能让价，没什么好商量的。"

采购员见话已说到这个地步，没什么希望了，扭头就走了。

过了两天，另一家百货商场的采购员又来了。他问服装厂经理："多少钱一件？"回答依然是500元。

采购员又说："我们会多要你的货，采购一批，最低可多少钱一件？"

"我们只批发，不零卖。今年全市批发价都是500元一件。"

这时，采购员不急于还价，而是不慌不忙地检查产品。过了一会儿，采购员讲："你们的厂子是个老厂，信得过，所以我到你们厂来采购。不过，你的这批皮夹克式样有些过时了，去年这个式样还可以，今年已经不行了。而且颜色也单调。你们只有黑色的，而今年皮夹克的流行色是棕色和天蓝色，但你们这些呢？"

他边说边看其他的产品，突然看到有一件口袋有裂缝，马上对经理说：

"你看，你们的做工也不如其他厂精细。"他仍边说边检查，又发现有件后背的皮子不好，便又说："你看，你们这衣服的皮子质量也不好。现在顾客对皮子的质量要求特别讲究。这样的皮子质量怎么能卖这么高的价钱呢？"

这时，经理沉不住气了，并且自己也对产品的质量产生了怀疑，于是用商量的口气说："你要真想买，而且要得多的话，价钱可以商量。你给个价吧！"

"这样吧，我们也不能让你们吃亏，我们要50件，400元一件，怎么样？"

"价钱太低，而且你们买的也不多。"

"那好吧，我们再多买点，买100件，每件再多30元，行了吧？"

"好，我看你也是个痛快人，就依你的意思办！"于是，双方在微笑中达成了协议。

同样是采购，为什么一个空手而回，另一个却满载而归？原因很简单，后者采用了吹毛求疵策略，他会对商品进行故意的褒奖或者贬低，让自己的话去干扰商家的思维。他常常将商品一丁点儿的瑕疵无限放大，让商家觉得理亏，同时又让商家觉得自己很精明，是个行家里手。

款式过时，颜色单调，怎么还要那么高的价钱？质量有问题，价钱总该降一降了吧？买你100件，每件多加30元，这些总该满意了吧？

不断揪出产品所谓的毛病，不断提出问题，精明的采购员在提问题的同时，也是不断挑战对方底线、降低自己成本的过程。他的每一个问题都有针对性，而他眼里的毛病也不一定是产品真正的瑕疵，这只是一种策略。最开始意志坚定的经理在采购员的问话下慢慢变得不自信，也开始怀疑自己的产品像面前这个人说的那样，毛病不少，真得考虑降价了。

卖场里是这样，谈判桌上同样如此。精明的谈判者会抓住对方的漏洞和不足，作为迫使对方让步的筹码。

"朋友，你们合同里的这部分符合规定吗？"

"你们的产品真的完美无缺吗？"

不管这些是不是对方的问题，先提出来，对方就会好好想想，而他想的过程，很可能就是退让的过程。一来一往之间，己方的谈判筹码和信心激增，对方却被你的问话术搞得思维混乱，谈判也失去了往日的章法。一旦达到这样的程度，谈判桌上占据主动的将是你，而不是他人。

谈判必杀技：将反诘进行到底

反诘就是这样，通过不断地质疑，将问题点指向对方，使其处于一种难堪的困窘状态，在不断扩大己方需求与对方供给能力差距的同时,逼对方亮出自己的老底,行与不行,就在此刻的评估。

商业谈判中,当对方故意示好甚至示弱时,如何用反诘的方式探听出对方的真实意图?

谈判已经进行了两个小时,还没有最终的结果。甲一直希望乙能够购买自己的产品,但乙总是犹豫不决。

甲:"其实您应该能够看出我方的诚意,我们之所以想跟您合作,是因为贵公司的实力以及业界的声誉,所以,您就不能再考虑一下吗?"

乙:"考虑什么?通过什么考虑?只是因为贵方的诚意?商业交易,产品质量得有保证,贵方有过硬的资本吗?"

甲:"当然有啊。"

说着,他顺手拿出一沓资料。

"您看,这是我们给上家企业提供的产品,以及他们对产品做出的评价。方同公司您知道吗?这家公司还是不错的。"

乙一听,脸色突然变得不好。

"方同公司?就是你们给他们提供的商品?"

"是啊,您听说过?那就更好办了。"

"是更好办了。现在我可以郑重地跟你说,谈判到此就可以结束了。知道你们把方同害惨了吗?产品质量不达标,外观老旧,一到货就长时间积压,根本卖不出去,这就是你们提供的优良服务?你们的诚意?!"

"不会吧,您可能是搞错了,"甲有些慌张,"噢,是我拿错了材料,我马上让人拿对的来,马上就好。"甲似乎更加忐忑。

"可笑!你们是不是也想通过我们在业界的声誉,先把和我们合作的风声透露出去,扩大自己的影响,得名又得利啊?"

"没有,没有,我们根本没有这种想法。"

"没给我看资料之前,我真的犹豫不决,你说得真是太好了。又可以让利,又可以提供各种优惠服务,这不是天上掉馅饼吗?看了资料我明白了,你是想让我们再成为那个倒霉蛋啊。骗人怎么也不学聪明点儿,把资料改改呢?"

"没有,没有,您真的误会了,我现在就给公司打电话核实,肯定是有人搞错了。"

"不必了,就这样吧。"

商业谈判中,如果一方故意示好,一般有两种可能:一是对方实力确实较弱,需要用这种讨好的方式赢得另一方的青睐;二是这是对方的幌子,想借此麻痹另一方获取商业利益。故事中的甲就属于后者。

最开始,乙还没看出对方的真面目,但他一直在用反诘的方式询问对方。用反诘本身就表明乙对甲有些不信任,他想用略带质询的方式让对方自己说出自己的不足。甲虽然适时遮掩,却在不经意间说出方同公司的事,此事暴露,乙就更有资本质疑对方。也由此看出了对方的真秉性:先通过巧言善辩获得对方的信任,签订合同后,再以次充好,达到损人利己的卑鄙的商业目的。

被乙看穿后，甲局促不安，甚至语无伦次。本想通过一贯的伎俩欺骗对方，没想到耐不过对方一个又一个的问题，终了将真话讲出，露出马脚来。

反诘就是这样，通过不断地质疑，将问题点指向对方，使其处于一种难堪的困窘状态，在不断扩大己方需求与对方供给能力差距的同时，逼对方亮出自己的老底，行与不行，就在此刻的评估。

同时，对比也可达到反诘的效果。即拿另一方的实力或者措施与谈判方相比较，在比较中让对方认识到自己的差距，放弃先前不切实际的想法。比如："我们公司的产品非常好，还是订购我们的吧！""是吗？跟这个行业前十名的公司相比，你们的实力怎么样？产品质量比得过吗？"

这样一问，对方就会在自知没有足够资质的情况下，做出让步。

所以，无论是在谈判桌上还是在辩论席上，学会用反诘，你在与对手的交锋中就可能占据优势，尽早使胜局向己方偏移。

第六章

雅量容忍，给他人台阶就是给自己后路

给人留情面，不要咄咄逼人

与人交往，要懂得给人留情面，即使自己有理，也不要咄咄逼人。面子是自己挣的，也是别人给的。有面子固然是好事，让人觉得美滋滋的。很多时候，我们在给自己挣面子的时候，也要学会给别人留点儿面子。每个人都难免因一时糊涂做一些不适当、错误的事。遇到这种情况，一定要尽量避免触及对方所避讳的敏感区，避免使对方当众出丑。必要的时候，可委婉地暗示对方的错处或隐私，但不可过分，只需点到为止，决不能伤了对方的面子。给人面子，就是给自己面子，可以说是一种"双赢"的皆大欢喜。给人留面子，既能显出你的涵养，也能赢得别人的友情，这样的好事，何乐而不为呢？

失败的人常犯的毛病是：自以为是，逮到机会就大发宏论，把别人批评得脸一阵红一阵白，自己则大感痛快。其实，这样做最终会让自己吃苦头。事实上，给人面子并不难。尤其是一些无关紧要的事，你更要学会给人面子。

宋朝宰相韩琦在带兵期间，有一天晚上批阅公文到夜深。那位为他举烛的卫兵实在太困了，不小心将韩琦的头发烧掉一绺。韩琦只是摸了摸头发，一言未发，继续批阅公文。过了一会，他抬头一看发现卫兵换了人，才意识到刚才那个卫兵已被卫队长责罚了。他忙走出去，对卫队长说："他已经知道怎样拿蜡烛了，不要惩罚他。"还好言安慰了那位卫兵。

还有一次，韩琦宴请下级官吏，并拿出一个玉杯请大家欣赏。这对玉杯价值连城，韩琦十分珍视。不料，一位下级官员喝醉了，不小心将玉杯碰落在地。这位官员吓得酒都醒了，跪在地上连称"死罪"。谁知，韩琦只是淡淡地说："大凡宝物，该有它时它就来了，不该有它时它就走了。天数如此，这不是你的错。"经此一事，朝中上下无不传颂韩琦的度量。

稍加留意，我们就会发现，越是地位崇高的人，越是谦虚待人，处处照顾别人的情面。

与人交往，一定要学会照顾别人的情面，千万不要咄咄逼人。咄咄逼人只会让人厌恶，让人产生刻薄的印象。没有人愿意跟刻薄的人交往。

人们常说："面子换面子，善用面子好办事。你可以赢得一场战争，但未必能赢得真正的和平。你伤害过谁也许早已忘了，但是，被你伤害的人却永远不会忘记你。"其实，给别人留个台阶，不伤人的面子，不仅是给别人面子，也是给自己留面子。

交际高手，在别人遭遇窘境的时候，不但会尽量避免因自己的不慎而使别人下不了台，而且还会在对方可能不好下台时，巧妙及时地为其提供一个"台阶"。这是因为他们在帮助别人"下台"时，掌握了恰当的方法。

有了分歧，切忌跟人发生正面冲突

天底下只有一种能在争论中获胜的方式，就是避免争论。

第二次世界大战刚结束的一天晚上，戴尔·卡耐基在伦敦得到了一个极有价值的教训。当时他是罗斯·史密斯爵士的私人助理。在战争期间，史密斯爵士曾任澳大利亚空军战斗机飞行员，被派往巴勒斯坦工作。欧洲战场胜利缔结和约后不久，他以30天旅行半个地球的壮举震惊了全世界，没有人完成过这一壮举，当时引起了很大轰动。澳大利亚政府颁发给他50万美元奖金，英国国王授予他爵位。有一天晚上，卡耐基参加了为表彰史密斯爵士而举行的宴会。宴席中，坐在卡耐基右边的一位先生讲了一段幽默故事，并引出了一句话，意思是"谋事在人，成事在天"。他说那句话出自"圣经"，但他错了。卡耐基知道，并且很肯定地知道出处，一点儿疑问也没有。为了表现出优越感，卡耐基很讨嫌地纠正他。他立刻反唇相讥："什么？出自莎士比亚？不可能，绝对不可能！那句话出自《圣经》。"他自信确定如此！

那位先生坐在戴尔·卡耐基右首，他的老朋友弗兰克·格蒙，他研究莎士比亚著作已有多年。于是，卡耐基和那位先生都同意向他请教。格蒙听了，在桌下踢了卡耐基一下，然后说："戴尔，这位先生没说错，《圣经》里有这句话。"

那晚回家路上，卡耐基对格蒙说："弗兰克，你明明知道那句话出自莎士比亚。""是的,当然,"他回答,"《哈姆雷特》第五幕第二场。可是亲爱的戴尔,我们是宴会上的客人,为什么要证明他错了?那样会使他喜欢你吗?为什么不给他留点儿面子?他并没问你的意见啊!他不需要你的意见,为什么要跟他较真儿?应该永远避免跟人家正面冲突。"

卡耐基曾经说:"很多时候你赢不了争论。要是输了,当然你就输了;如果赢了,还是输了。"在正面争论中,并不产生胜者,所有人在正面争论中都只能充当失败者,无论他(她)愿意与否。因为,十之八九,争论的结果都只会使双方比以前更加相信自己绝对正确;或者,即使你感到自己的错误,却也绝不会在对手跟前俯首认输。在这里,心服与口服没法达到应有的统一。人的固执性,将双方越拉越远,到争论结束,双方的立场已不再是开始时的并列,一场毫无必要的争论造成了双方的对立。所以,天底下只有一种能在争论中获胜的方式,就是避免争论。

在公共场合中,能为陷入尴尬境地的对方提供一个恰当的台阶,使他免丢面子,这是为人处世的原则。这不仅能使你获得对方的好感,而且也有助于你树立良好的社交形象。相反,如果对方因没能下得了台阶而出了丑,他可能会记恨你一辈子。

口头冲突除了浪费时间、影响感情外,其实也很难争出个输赢来。因为越到最后,双方的理智因素就会越少,成了每人一套理论,各说各的,谁也说服不了谁。与其这样,还不如避免口头上的正面冲突，各做各的事去，不在这上面浪费时间和精力。

学会尊重，私底下指出别人的缺点

在别人的某些缺点比较严重时，我们应该以私下谈心的方式委婉指出，急风暴雨不如和风细雨，当场训斥不如私下平心静气、施以耐心。

每个人都难免有缺点，并且可能在不同的场合表现出某种缺点来，破坏气氛。面对这种情况怎么办？是当场指出别人的缺点，还是先忍一下，等到私底下再指出来？作为讨人喜欢的说话方式，私下指出应该是面对别人缺点采取行动的第一步。但有的人却常常要么容忍别人的缺点，要么就直接对外宣扬，让别人下不来台。这里的教训实在值得我们思考。

做人要拥有一颗宽容的心。"金无足赤，人无完人。"记得有位专家说过，不要苛求别人的完美，宽容让你自己不断完美起来。在别人的某些缺点比较严重时，我们应该以私下谈心的方式委婉指出，急风暴雨不如和风细雨，当场训斥不如私下平心静气、施以爱心。只有我们拥有了一颗宽容的心，别人才能感受到我们的真诚，在我们指出他们缺点的时候才能心悦诚服地接受。

在朋友之间，指出缺点总是要担负着伤和气风险的，但作为朋友应该承担这种风险。风险有大有小，关键是用的方法适当与否。从小处说，就是在私底下指出别人的缺点。人总是要讲点儿面子的，指出缺点更应该顾及对方的面子，说话尽可能婉转一些，尤其不要当众给朋友生硬"挑刺"。即使在私下场合指出缺点和错误，也应充分考虑如何让对方愉快地接受。最好先聊聊其他事情，以便在沟通感情、融洽气氛的基础上再婉转地指出问题。

指出缺点更多时候是发生在角色地位并不平等的人之间，比如上司对下属，老师对学生。这些情况下可以公开指出缺点吗？当然不应该，也应该维护下属和学生的面子。

当员工违背明确的规章制度时，当然应该当众指出其过错，在让他认识到缺点、错误的同时，也可对其他人起到警示作用。假如员工在工作上出现小小的失误，而且不是有意的行为，可在私下为其指出来，或以含蓄、暗示的方式使其意识到自己的缺点、错误。这样既能维护他的面子，又能达到帮助他改正缺点的目的。

要时常反问自己："处理这件事最合乎人性的方法是什么？"当员工把事情弄糟了，有的领导者会把犯错误的员工当着其他员工甚至是这个员工的下属一通训斥。而人性化的领导者会在私下里跟员工谈心，指出缺点，并且帮助他们找出适当的方法去做好事情，并且会肯定他们已经做得很好的部分，以免让这些员工丧失信心。

所以作为上司，假如下属真的表现出了比较严重的缺点，一般应私下单独找他谈话，指出来。指导他今后如何正确处理类似的问题，避免再犯同样的错误。只有这样，下属有问题才愿意找上司反映或沟通谈心。这样一来，就会在员工心中树立一个良好的形象。

作为老师，对学生的缺点也要有一些特殊处理方法。

刘老师班上有个女生很优秀，一段时间看到别人比自己成绩好，心里有些不平衡。刘老师通过网上聊天工具和她聊天，直言不讳。这个女生很感激，情绪理顺了。对其他有缺点的学生，刘老师也尽量采取类似方法。"刘老师照顾我们的面子，我们也尽力改正。"刘老师的学生这样说。一位教育专家这样评价刘老师：刘老师这样做是讲策略，育人工程最艰辛，关键要用心！

有一次，刘老师经过教室，听到一位同学用脏话骂老师，他装作没听见，事后私下把那个同学请到办公室，告诉他老师已经听到他说的那句话，但不想当着全班人来批评他，是为了尊重他。骂人的学生很诚恳地承认了错误并向老师道歉，后来他变得很有礼貌了。试想，如果刘老师当时走进教室对其狠批一顿，不但自己下不了台，而且有可能换来学生第二次更难听的脏话。

所以，尊重别人，在私底下指出其缺点，既是对别人的热爱，也会赢得别人对你的尊重。

学会给人台阶下，既可以缓解紧张难堪的气氛，使事情得以正常进行，又能够帮助尴尬者挽回面子，增进彼此的关系。

用谦虚的态度和人说话

有许多真正伟大的人物，总是很谦虚地请别人评判自己的意见，因而获得别人的赞同。

中国人自古以来视谦虚为美德，虽然有人将其视为"虚伪"，但不谦虚的人还是很难获得大家的一致认同。我们心里可以很自信，多数时候还是要谦虚一些，尤其是要用谦虚的态度与人说话。

首先，不目空一切、居功自傲。

有的人做出一点成绩、取得一点进步，就飘飘然起来。跟谁说话都趾高气扬，到处夸耀自己。

小杨是一家广告公司的职员，他设计的一个平面广告作品获得了一项大奖，经理在员工会上表扬了他一番，并让他升任主管。小杨认为自己是个人物了，从此以"专家"自居。一次，经理接到一个平面设计任务，请小杨来评价评价。小杨唾沫飞溅地说了半个小时，设计被批得体无完肤，最后结论是：应该返工重来。经理对这个设计本来比较满意，听了小杨的话极不高兴，从此疏远了他。

又过了两年，公司里另一个职员小石也得了广告大奖。他吸取了小杨的教训，说话非常谦虚，态度和善，因此很得大家喜欢。

其次，要适当使用敬语。

敬语能表现说话者对对方的尊重。使用适当的敬语，双方不仅能正常地保持人际关系，还会提高别人对你的评价。特别是对女职员来说，更是如此。有人说："适当的时候，使用适当的敬语对女性来说，是语言之美的至高境界。"

最后，要请人评判自己的意见。

我们可以看到，有许多真正伟大的人物，总是很谦虚地请别人评判自己的意见，因而获得别人的赞同。以谦虚的态度表示独特的见解，对使别人信任我们的意见及计划都很有效用。要知道，多数成功的领袖常常使用这个策略。

有的时候也需要争辩。比如两个喜欢辩论的朋友，经过一次辩论，也许对双方都是有益而愉快的。美国威尔逊总统曾经对鲍克接连问了一小时的问题，使得他不得不拥护在他自己看来绝对相反的意见。但到了最后，威尔逊使鲍克感到吃惊的是：他告诉鲍克，他已经改变了主意，他已经醒悟了，而从另外一个观点去观察这个问题。鲍克非常吃惊，从此对威尔逊更加敬重了。这种策略，可以当作能够引起友爱的一种方式，但不可说是常例。总之，别人可能在种种方面与我们意见不一致，这是可以预料的事情，如果他争辩之后，还能请他来评判一下自己的意见,他就会认为你是个谦虚的人,而对你的印象更为良好。

宽容让心灵自由飞翔

如果一个人不懂得宽容,内心老是怀着对别人的仇恨,那么他的形象便不会太好,生活也不会太如意。

在社交中,你要记住:你所相处的对象,并不是绝对理性的人,而是一个个充满了偏见、傲慢、虚荣和自负等情绪的人。假如你想激起一种反抗,使人痛恨你数十年甚至到死,你只要一时痛快发表一些具有刺激性的批评就可以了。假如你想获得友情、理解,只有一条道路可以供你选择,那就是学会宽容,哪怕对方是你的敌人。树立宽容别人的形象,哪怕敌人也会变成朋友。

印度有句俗语说得好:"热爱真理,但要宽恕缺点。"

要是自私的人想占你的便宜,你不要去理会他们,更不要总想着去报复。当你想跟他扯平的时候,你伤害自己的,比伤害那人的更多,你的美好形象也会荡然无存……

罗斯福和塔夫脱总统曾经发生过一场大的争论,并且由于他们的互相攻击导致了共和党的分裂,而伍德洛·威尔逊借机成功入主白宫。受到抨击的塔夫脱没有想到自己的行为所产生的不利影响，他含着眼泪说："我不知道我所做的一切到底错在哪里。"究其原因，是因为他不能宽恕自己的竞争对手罗斯福，白白地耗费了个人精力，无法去做更重要的事，让第三者收获了渔翁之利。

在我们对仇人心怀仇恨时，就等于给了他们制胜的力量，使他们有机会控制我们的睡眠、胃口、血压、健康，甚至我们的心情。如果我们的仇人知道他带给我们这么多的烦恼，他一定会高兴得手舞足蹈！憎恨伤不了对方一根毫毛，却把自己的形象弄得一塌糊涂，使我们的生活和事业都受到严重影响。

《生活》杂志曾论述了不宽容会毁坏健康。它是这样说的："高血压患者最主要的个性特征是容易仇恨，长期的愤恨造成慢性心脏疾病，导致高血压的形成。"

人非圣贤，要爱自己的敌人也许真的有点儿强人所难，但出于自身的健康与幸福、形象与成功的考虑，我们也该学着去宽恕敌人，甚至忘掉所有仇恨。

下面这个例子会很好地告诉你宽容所带来的巨大力量。

乔治·罗纳住在瑞典的艾普苏那。他在维也纳当了很多年律师，但在第二次世界大战期间，他逃到瑞典，一文不名，需要找个工作。因为他掌握好几国语言，所以希望能够在一家进出口公司里，找到一份秘书工作。绝大多数的公司都回信告诉他，因为正在打仗，他们不需要这类人，不过他们会把他的名字存在档案里，等等。不过有封写给他的信说："你对我生意的了解完全错误。你既蠢又笨，我根本不需要任何替我写信的秘书。即使我需要，也不会请你，因为你甚至连瑞典文也写不好，信里全是错字。"

当乔治·罗纳看到这封信的时候，简直气得发疯。于是乔治·罗纳也写了一封信，目的要使那个人大发脾气。但接着他就停下来对自己说："等一等，我怎么知道这个人说的是不是对的？我学过瑞典文，可那并不是我家乡的语言，也许我确实犯了很多我并不知道的错误。如果是这样的话，那么我想得到一份工作，就必须再努力学习。这个人可能帮了我一个大忙，虽然他本意可能并非如此。他用这种难听的话来表达他的意见，并不表示我亏欠他，所以应该写封信给他，在信上感谢他一番。"

于是乔治·罗纳撕掉了他刚刚写好的那封骂人的信，另外写了一封信说："您这样不嫌麻烦地写信给我实在是太好了，尤其是您并不需要一个替你写信的秘书。对于我把贵公司的业务弄错的事我觉得非常抱歉，我之所以写信给您，是因为我向别人打听，而别人把您介绍给我，说您是这一行的领军人物。我并不知道我的信上有很多文法上的错误，我觉得很惭愧，也很难过。我现在打算更努力地去学习瑞典文，以改正我的错误，谢谢您帮助我走上改进之路。"

没几天，乔治·罗纳就收到那个人的信，请罗纳去看他。罗纳去了，而且得到一份工作。乔治·罗纳由此发现"温和的回答能消除怒气",他暗自庆幸,是自己的宽容让事情得到改观。

众所周知,德国伟大的哲学家叔本华曾经把生命比喻为痛苦的旅程,但在绝望深渊中的他仍说:"假如有可能的话,任何人都不应有怨恨心理。"换句话说,就是要人们学会宽容。

相反,如果一个人不懂得宽容,内心老是怀着对别人的仇恨,那么他的形象便不会好,人生也不会有多大意义。仇恨会让我们即使面对山珍海味也没有丝毫胃口。《圣经》上是这么说的的:怀着爱心吃青菜要比带着愤怒吃海鲜强得多。

仇恨也最能损害一个人的容颜。

有一位女士去找一个整形美容的权威医生,她请求医生把自己的容貌变得好看些。她告诉医生因为她听说看过她的人都觉得她长着一副"恶相",因此想让医生帮忙把她变得让人看起来觉得温柔甜美。医生摇了摇头只说了一句话:"你只要用一颗宽容的心去接纳别人就能改变自己,而我的手术刀对此无能为力。"

每个人并不是天生就具有超强的容忍力,能够忍许多事情。能够用宽大的胸怀容纳一切是需要一个过程的,它并不是一朝一夕、一蹴而就的。

身在职场,你会遇到各种各样的人,就拿领导来说吧,有脾气古怪、猜忌心重的人,而同事也有钩心斗角、自私自利之人。当面对这些人时,如果你想给自己树立一个良好的形象以便继续发展自己的事业,开展好工作让自己有所作为,你就要用一颗宽容之心面对这一切。

老刘任财务科长的第三年,上司给他委派了一名新主任。新主任是老会计出身,对所管辖的部属,谁工作认真、昼夜加班、出了成绩,他看在眼里,记在心上;尤其是对财务科的工作,更吹毛求疵。

面对严格的新主任,老刘既没有当面顶撞,也没有逢迎巴结。他经常和本科室的人员开会,定出工作程序,交给主任过目后,再切实执行,并做好系统记录,以便主任翻阅。

这样自行安排工作,既减少了他这个财务科长与新主任的摩擦,也减轻了自己的负担。

有几次,老刘被主任严厉批评,但他没有任何的情绪异常,也没有把这种情绪带到工作中去。相反,老刘每次受到批评,必当机立断,检查自己的工作、处事是否有错误,并且有错必改,或是重新评价自己,进一步做好本职工作。

这样一年下来,主任对财务科长褒奖有加,再也不像以前那样恶声恶气了。

可见,给别人留下一个宽容的形象对工作是多么重要。

不要一味地指责别人

只懂得批评别人而不懂得宽容别人的人,是不会巧妙指出别人错误的。其实,在某些时候,宽容比批评更有效,更能让人保住面子，也更能激发人的积极性。

有很多人在说话时，经常只顾自己痛快，过后才发现不小心伤了别人的心。尤其是当别人做了错事，或自己因此而吃了亏，就更觉得自己受了委屈而要说出来图个痛快，于是一些难听的话就不自觉冒了出来，结果是痛快了一时而伤了和气。自己的形象也因这一时的冲动而毁于一旦。

也许有人认为：下级犯了错误，作为领导应该严厉地训斥才能得到很好的效果，其实，婉转地纠正别人错误的做法会收到更理想的效果。

西雅图波音公司的一个部门经理有一次大发雷霆，原来他看到了一份报告上有一个错别字，那是个拼写错误，有人把"Believe（相信）"写成了"beleive"。

这位经理精明能干，可是有个怪毛病，他的眼睛里容不得任何一个小错误。于是他叫来了那个写错字的工程师。

整个走廊里都能听得见部门经理的声音："你这个混蛋连这么点错误都要犯，你到底读过书没有？'E'怎么可能在'I'的前面，记住，'I'永远在'E'的前面。"

可是，没过几天，那位经理又发现了同样的拼写错误，而且又是出自同一人之手。

这次，经理被彻底地激怒了，他叫来了那个"屡教不改"的工程师，怒不可遏地冲他咆哮道："你耳朵长在头上了吗？为什么我说了你不听！？"

那工程师很平静，说道："你不是说'I'永远在'E'之前吗？"

经理说："看来你是明知故犯了！"

工程师二话没说，随手从桌上拿起一份文件。把上面的"Boeing（波音）"字样一笔勾去，写成了"Boieng"。

可见，在工作中，不要留下一副尖酸刻薄、一味地指责别人的形象，那不仅无助于任何事情的发展，更可能阻碍事情向好的方向发展。当你几乎控制不住想要批评某人之前，有一种方法可以让你的心绪渐渐平静下来，使你重新思考究竟应该怎么做。这种方法就是：在你批评他人之前，先想想自己："我做得怎么样？是否应该完全怪罪他人？"这样想过之后或许你会完全改变自己的想法和行为。让我们来看看成功学大师卡耐基是怎么做的。

卡耐基的侄女乔瑟芬·卡耐基在19岁高中刚毕业的时候，来到纽约担任卡耐基的秘书。"她当时没有任何做事的经验，"卡耐基回忆说，"在刚开始的时候，她十分敏感脆弱。有一次我正准备指责她，但马上对自己说：'等一下，戴尔·卡耐基，等一下。你几乎有乔瑟芬两倍的年纪，做事经验更是多出好几倍，怎么可以要求她能有你的看法、判断和主动的精神——何况你自己并不十分出色！还有，戴尔，你在19岁的时候是什么德行？记得你像蠢驴一样犯下的错误吗？记得你做过这些……还有那些……吗？'

"一想到这里，我不得不诚实地下个结论：乔瑟芬19岁时比我19岁时要强得多——而实在惭愧得很，我没有称赞过她。

"于是，一遇到乔瑟芬犯错误，我总是这样说：'乔瑟芬，你犯下了一个错误。但是，老天知道，我以前也常常如此。判断力并非生来具备，那全得靠自己的经验，何况我在你这个年纪的时候还比不上你呢。我实在没有资格批评你或别人，但是，依我的经验，假如你……做的话，不是好些吗！'"

后来，年轻的乔瑟芬成为最出色的秘书之一。

只懂得批评别人而不懂得宽容别人的人，是不会巧妙地指出别人的错误的。其实，在某些时候，宽容比批评更有效，更能让人保住面子，也更能激发人的积极性。

迪利斯通是加拿大的一位工程师，他发现秘书在口授的信件中有拼写错误，几乎每一面总要错上两三个字。那么他是如何让秘书改正这一错误的呢？他说：

"就像许多工程师一样，别人并不以为我的英文或拼写有多好。我有个维持了好几年的习惯，就是常常随身带着一本小笔记簿，上面记下了我常拼错的字。我虽然常常指正秘书所犯的错误，但她还是我行我素，一点儿也没有改进的意思。我决定改变方式，等第二次发现她拼错时，我坐到打字机旁，告诉她说：'这个字看起来似乎不像，也是我常拼错的许多字之一，幸好我随身带有拼写簿（我打开拼写簿，翻到所需要的那页）。哦，就在这里。我现在对拼写十分注意，因为别人常常以此来评判我们，而且拼错字也显得我们不够内行。'

"我不知道后来她有没有采用我的方法。但很显然，在那次谈话之后，她就很少拼错字了。"

宽容能维护别人的尊严，给他一种自重感，无礼的命令只会导致长久的怨恨，即使这个命令可以用来改正他人明显的错误。

有个学生把车子停在了不该停的地方，因而挡住了别人的通道。有个老师冲进教室很不客气地问："是谁的车子挡住了通道？"等汽车主人回答之后，这位教师严厉地说道："马上把车子移开，否则我叫人把车拖走！"

这个学生犯了错，车子是不该停在那里。但是，从那天开始，不只那个学生对老师心存不满，甚至别的学生也常常故意捣蛋，使那位老师的日子不好过。

如果这位老师用不同的方式来处理这件事情，结果会如何？他可以好好地问："谁的车子挡住了通道？"然后建议这位学生移开车子，以方便别人进出。相信这个学生会乐意这么做，也不致引起其他学生的公愤。所以无论工作或生活中，当你遇到别人做的事并不顺你意或妨碍到你的时候，请先冷静思考一番，如果一味尖酸刻薄地指责别人，会给人留下一副坏形象，工作就很难顺利进行。

宽容别人就是宽容自己

宽容是建立人与人之间良好关系的法宝。一个拥有宽容美德的人，能够对那些在意见、习惯和信仰方面与你不同的人表示友好和接受。

忍让和宽容不是怯懦胆小，而是关怀体谅。忍让和宽容是给予，是奉献，是人生的一种智慧，是建立人与人之间良好关系的法宝。一个人经历一次忍让，就会获得一次人生的亮丽，经历一次宽容，就会打开一道爱的大门。因此，人们常说：爱产生爱，恨产生恨。

2003年10月11日，在伊斯坦布尔苏克鲁·萨拉科卢球场开始的欧洲杯预选赛第7小组最后一轮比赛中，英格兰客场0：0战平土耳其，以小组头名直接出线。在比赛中罚飞点球的贝克汉姆成为土耳其球员的"出气筒"，但已是英格兰队长和两个孩子父亲的贝克汉姆不再是1998年那个毛头小子了，他的忍辱负重为英格兰队赢得了宝贵的1分，而他在英格兰的队长地位也因此得到加倍巩固。

英格兰队于12日返回英国，虽然埃里克森未能实现他在赛前全取三分的承诺，但能够直接晋级欧锦赛也足以令英格兰的批评声音减弱。而大部分媒体都对这场没有英格兰球迷助威的比赛持乐观态度。《卫报》评价说，从比分来看，这是一场乏味的比赛，但有了贝克汉姆罚失点球，有阿尔帕伊与英格兰队长的冲突作点缀，这仍不失为一场精彩的比赛。

英格兰队最好的一次机会出现在第35分钟，杰拉德创造了一记点球，但左脚踩滑的贝克汉姆却把点球踢飞。贝克汉姆罚失点球后遗憾地跪倒在地，此时土耳其队阿尔帕伊上前恶言挑衅，眼看冲突一触即发，英格兰队队友和土耳其门将鲁斯图上前将两人劝开。

但土耳其球员对贝克汉姆的挑衅并没有结束。半场休息时，阿尔帕伊和贝克汉姆在球员通道上再起冲突，最终竟有多达50名球员和官员牵涉到此起事件中。据贝克汉姆事后透露，当时阿尔帕伊故意走到他身后，并用粗话侮辱他的母亲，而且还做出挑衅的动作，随后两人在球员通道里开始对峙，最终贝克汉姆选择了让步。

自转会皇马之后，贝克汉姆在英格兰的人气一度大幅度下滑，再加上前度传出婚外恋的绯闻，贝克汉姆的好丈夫形象也受到损害。这次在伊斯坦布尔受辱，事实上在很大程度上为贝克汉姆重新找回了失去的人气。阿尔帕伊的恶行反倒成就了贝克汉姆，在贝克汉姆的遭遇被媒体一一曝光后，同情、打抱不平直至尊重贝克汉姆的情感在英格兰球迷的心里演绎得淋漓尽致。人们通常用"伟大"来形容一场胜利，但贝克汉姆在伊斯坦布尔的妥协可以称得上是一次"伟大的忍耐"。这次忍耐使他在英格兰队的核心地位更加稳固，也让埃里克森更加信任他的队长。

我们都知道，有一些事情，忍一下就过去了，其实没有什么大不了的，它既不会损害你的自尊，相反还能提升你的人格魅力。但遗憾的是，人与人之间经常因为一些彼此都无法释怀的坚持，而造成永远的伤害和无法挽回的恶果。当静下心来的时候，也许会常常抱怨自己当初何必要那样做。

现代社会竞争激烈，人与人之间难免有冲突，积怨过多招人恨，伤人过重结下仇。为人应宽大为怀，不计小隙。否则你对我耍阴谋，我就给你设陷阱，如此以毒攻毒、以恶对恶地冤冤相报，何时有个了结呢？

如果你的行为让人们不喜欢，那你就危险了。因为这时原本和你毫无关系的他们，会因为几句话就牢固地树立了你这个人的形象，虽然这可能是不正确的，但他们可能凭着对这种形象的好恶来办事。

有这样一个例子：

一天在机场，一位旅客见到一位衣冠楚楚的商人在大声呵斥、责骂搬运员处理行李不当。商人骂得越凶，搬运员越显得若无其事。商人走后，这位旅客称赞搬运员有涵养。"噢，没关系，"他微笑着说，"你知道吗？那个人是到佛罗里达去的，可是他的行李嘛——将会运到密歇根去。"

宽容是建立人与人之间良好关系的法宝。一个拥有宽容美德的人，能够对那些在意见、习惯和信仰方面与你不同的人表示友好和接受。依靠这份宽容建立起来的形象，不仅对你的个人生活具有很大的价值，而且对你的事业有重要的推动意义。一个人经历一次宽容，就可能会打开一扇通向成功的大门。借助宽容的力量，你可以实现自己伟大的梦想，成就自己的事业。

罗杰是一个室内装潢工厂的老板。有一次，生产线上有一个工人喝得酩酊大醉后来上班，吐得到处都是。厂里立刻发生了骚动：一个工人跑过去拿走他的酒瓶，领班接着又把他护送出去。

罗杰在外面看到这个人昏昏沉沉地靠墙坐着，便把他扶进自己的汽车里送他回家。那个工人的妻子吓坏了，罗杰再三向她表示什么事都没有。"不，杰克不知道，"她说，"老板不允许工人在工作时喝醉酒。杰克要失业了，你看我们如何是好？"罗杰告诉她："我就是老板，杰克不会失业的。"

杰克的妻子张着嘴愣了半天。罗杰告诉她，自己会在工作中尽力帮助杰克，同时也希望她在家里尽力照顾杰克，以便他在第二天早上能够照常上班。

回到工厂，罗杰就对杰克那一组的工人说："今天在这里发生的不愉快，你们要统统忘掉。杰克明天回来，请你们好好对待他。长期以来他一直是个好工人，我们最好再给他一次机会！"

杰克第二天果真上班了，他酗酒的坏习惯也从此改过来了。罗杰的宽容令杰克很感动，他一直记在心里。

3年后，地区性工会派人到罗杰的工厂协商有关本地工人的各种合同时，居然提出一些不切实际的要求。这时，沉默寡言、脾气温和的杰克立刻领头号召同事反对。他开始努力奔走，并提醒所有的同事说："我们从罗杰那里获得的待遇向来很公平，用不着那些外来'和尚'告诉我们怎么做。"就这样，他们把那些外来"和尚"打发走了。罗杰用宽容树立起了一副好形象，赢得了工人的拥戴，从而取得了事业的成功。

如果你想有所作为，获得成功，**就要学会宽容**，能够容忍、谅解别人的不同意见和错误。否则你永远不可能成为一个真正的成功者。试想你每天都在想着别人的一点儿过错,甚至心生怨恨,老想打击报复,那你还有精力发展自己的事业吗?无疑你也就离成功越来越远了。

　　诗人托马斯·查特顿年轻的时候因为直率的性格而历经坎坷,后来才变得善于处世,进而成了美国驻法大使。他的成功秘诀是:"我不批评人,我只夸奖人。"

　　一次,著名试飞驾驶员鲍勃·胡佛驾驶的飞机在数千英尺的高空,两个引擎同时出现故障,幸亏他经验丰富、反应灵敏、控制得当,飞机才得以安全降落。

　　在惊魂稍定后,胡佛开始检查飞机用油。原来那架螺旋桨飞机装的竟然是另一种型号的飞机用油。于是,胡佛约见了那位负责维护飞机的机械师。懊恼不已的年轻机械师,一见到胡佛,便后悔得泪流满面。刚刚从鬼门关走了一遭的胡佛并没有责备那个机械师,只是伸出手臂,抱住年轻机械师的肩膀说:"我相信你不会再犯错,我的 F-51 飞机明天还请你维护。"机械师对胡佛宽恕了自己的失误十分感激,在以后的飞机维护中,他十分尽心,再也没有出过一次差错。机械师也因此成了胡佛最得力的助手。

　　当别人犯错时,尽量站在他人的角度上思考一下,少一点儿呵斥和责骂,多一些宽恕!试着去理解人们为什么要这样做,因为这比批评更有益。什么都了解,就什么都会宽恕。

　　当遇到与你不一致的观点、做法时,首先你要想想别人合理的地方，为什么会这样想、这样做。然后，你再把自己的做法与他们的做法进行比较。你可以试着与不同风格、不同背景、不同思想的人交朋友，多观察他们的做法，要善于采纳新的观点，这样你才能学会宽容。

生活中的不平、坎坷、误解、私怨、纠纷……一波又一波接踵而来，莫不令人心烦意乱。每逢此时，你将如何呢？有一位哲人在回答弟子"如何摆脱烦恼"的问题时，精辟地回答道："宽容。"事实正是如此，生活中有不少的烦恼之事，正是缺少"宽容"而造成的，有时甚至因为不能宽容他人而酿成悲剧。

如果你不想毁掉自己的形象，并且想事业有成、生活顺利，请想想宽容的力量吧！

适可而止，凡事都给自己留条退路

任何时候都要宽厚待人，做事适可而止，不要被一时的冲动蒙住了眼睛，做出令自己后悔的事情。

常言道："凡事留余地，日后好相逢。"不管做什么事，都不能走向极端，堵住自己的退路。特别在权衡得失时，务必要做到见好就收。无论对待怎样的人和事都要凭着适可而止的心态对待，这是在社会交往中有效保护自己的最好方法。

许多人说话、做事都喜欢赶尽杀绝，不给别人留余地，批驳就要体无完肤,打击就要置于死地,以此来显示"本事"或者解心头之恨。其实,退一步想,冤家宜解不宜结,何必把原本很小的事弄得越来越大,让彼此之间的怨恨越结越深呢?人生不会尽是得意,也不会尽是失意,得意之时心存仁慈,多帮助他人,失意之时也要不卑不亢,不放弃希望和尊严,这才是健康的人生态度。如果身处得意之时,就对别人大加挞伐,那么,日后这样的遭遇或许也会落在自己头上。所以说,说话办事时,眼光要放得长远一些,不要一时得势就骄横跋扈,不给自己留一点儿退路。

其实,很多事情都是相互的,不给别人留一点儿余地的时候,其实你也把自己的退路都截断了。所以,任何时候都要宽厚待人,做事适可而止,不要被一时的冲动蒙住了眼睛,做出令自己以后后悔的事情。

第七章 委婉拒绝，让人有尊严地收回不情之请

敢于说"不",但不要使人感到别扭

在日常生活中,热情帮助别人,对别人的困难有求必应,有助于建立融洽的人际关系。但生活中也有这样的事,即别人求助于你的,恰恰是你感到为难的事。有时候,你必须对别人的要求做出回复,一般来说,肯定的、合乎对方期望的回答往往能使听者感到愉快,而否定的回答,尤其是直截了当地说"不",则会使提问者感到失望和尴尬,甚至对你产生怨恨。拒绝就意味着将对方阻挡在门外,因此,说"不"需要很大的勇气。

当别人对你有所希求,而你办不到不得已要拒绝的时候,你要敢于说"不",要让自己说出来的话能使对方接受,这样彼此之间的关系才不会受到影响。拒绝是一门艺术,能体现一个人的综合素养。你最好用婉言拒绝的方式,所谓婉言拒绝就是用温和而曲折的语言,把拒绝的本意表达出来。与直接拒绝相比,它不会使别人感到那么别扭。

在生活中,你不得不拒绝他人的时候,你当然会觉得为难,不知怎样处理。直接说"不",或者简单地说着拒绝的各种理由,你突然会发觉无论怎样做,拒绝别人时,你都会感到尴尬。这时你只需要牢记:你不需要如临大敌,一定要像平时对待朋友那样去说出你的拒绝,要表达出你的遗憾,当然也要顾及他人的面子,一定要使你的拒绝跟接受一样使人感动。

在社交场合上,无论是举止或是言语都应尊重他人,即使在拒绝别人的时候也要顾及对方的尊严。只有这样,自己才能赢得别人的尊重。

1.要敢于说出"不"

即使面对亲密之人的不当要求,我们也一定要坚持自己的原则。

面对爱人、亲人、好友等亲密之人的请求,比如借钱、帮忙做某事等,许多时候,我们并不愿意答应这些请求,却又不好意思说"不",这样,就会使自己陷入十分为难的境地。如果违心地答应下来,是为自己添烦恼;如果假装答应却不做,又失信于人。

一般来说,尽可能地帮助自己的亲密之人,这是人之常情。但是当他们的要求有违国家法律法规、有违社会公共道德或有违家庭伦理时,我们应坚守自己的原则立场,毫不留情地予以拒绝,还应帮助对方改正那些错误的思想和行为。

2.给出明确的回应

30岁出头就当上了二十世纪福克斯电影公司董事长的雪莉·茜,是好莱坞第一位领导大制片公司的女性。为什么她有如此能耐呢?主要原因是,她言出必行,办事果断,经常是在握手言谈之间就拍板定案了。

好莱坞经理人欧文·保罗·拉札谈到雪莉时,认为与她一起工作过的人,都非常敬佩她。欧文表示,每当她请雪莉看一个电影脚本时,她总是马上就看,很快就给答复。而好莱坞的很多人看脚本就不这样,若是他们不喜欢的话,根本就不回话,而让你傻等。

通常情况下,别人十之八九都是以沉默来回答,但是雪莉看了给她送去的脚本,都会有一个明确的回答,即使是她说"不"的时候,也把你当成朋友来对待。所以,这么多年以来,好莱坞作家最喜欢的人就是她。

拒绝别人不是一件什么罪大恶极的事情,也不要把说"不"当成是要与人决裂。是否把"不"说出口,应该是在衡量了自己的能力之后,做出的明确的回应。虽然说"不"难免会让对方生气,但与其答应了对方却做不到,还不如表明自己拒绝的原因,相信对方也会体谅你的立场。

千万不要因为不能说"不"而轻易地答应任何事情,而应该视自己能力所及的范围,尽可能不要明明自己做不到却不说,结果既造成了对方的困扰,又失去了别人对你的信任。

说"不"没什么开不了口的,只要站得住立场和对自己有益,就请勇敢地向别人和自己说"不"吧。

3. 拒绝时要讲究艺术

当你拒绝对方的请求时,切记不要咬牙切齿、绷着一张脸,而应该带着友善的表情来说"不",才不会伤了彼此的和气。

两个打工的老乡找到城里工作的李某,诉说打工的艰难,一再说住店住不起,租房又没有合适的,言外之意是想借宿。李某听后马上暗示说:"是啊,城里比不了咱们乡下,住房可紧张了,就拿我来说吧,这么两间耳朵眼大的房子,住着三代人,我那上高中的儿子,晚上只得睡沙发。你们大老远地来看我,难道不该留你们在我家好好地住上几天吗?可是做不到啊!"两位老乡听后,非常知趣地告辞了。

任何人都不愿被拒绝,因为拒绝会使人感到失望和痛苦。在拒绝对方时,更要表现出你的歉意,多给对方以安慰,多说几个"对不起""请原谅""不好意思""您别生气"之类的话。

拒绝别人是一件很难的事,如果处理得不好,很容易影响彼此的关系。所以,在拒绝别人的时候一定要绕个圈子说出你的"不"。喜剧大师卓别林就曾说过一句话:"学会说'不'吧!"学会有艺术地说"不",才是真正掌握了说话的艺术。

拒绝是一门学问,是一项应变的艺术。要想在拒绝时既消除自己的尴尬,又不让对方无台阶可下,就需要掌握巧妙的拒绝方法。

委婉拒绝,通过暗示来说"不"

"不"字是很难说出口的,但很多时候我们不得不去拒绝别人。许多人都苦于找不到合适的办法,其实通过暗示来说"不"

是一种不错的选择。

能做到不伤害对方,也不使自己为难,这才算是拒绝的上上之选。

丘吉尔不喜欢跟人谈话时老把孩子挂在嘴边,所以他很少跟人聊孩子的话题。一次,一位大使对他说:"爵士,你知道吗,我还一次都没跟您说起我的孙子呢。"丘吉尔拍了拍他的肩膀说:"我知道,亲爱的伙伴,为此我十分感谢。"丘吉尔的回答非常委婉,但他拒绝的意思却表达得很清楚。

有时候,拒绝也不一定非得用直接否定的语言来表达。换个表达方式,给人的感受是不一样的。当然,委婉拒绝的方式可以是语言的暗示,也可以是身体动作的暗示。

1. 通过语言暗示

美国出版家赫斯脱在旧金山办第一张报纸时,著名漫画大师纳斯特为该报创作了一幅漫画,内容是唤起公众来迫使电车公司在电车前面装上保险栏杆,防止意外伤人。然而,纳斯特的这幅漫画完全是失败之作。发表这幅漫画,有损报纸质量。但不刊登这幅画,怎么向纳斯特开口呢?

当天晚上,赫斯脱邀请纳斯特共进晚餐,先对这幅漫画大加赞赏,然后一边喝酒,一边唠叨不休地自言自语:"唉,这里的电车已经伤了好多孩子,多可怜的孩子,这些电车,这些司机简直不像话……这些司机真像魔鬼,瞪着大眼睛,专门搜索着在街上玩的孩子,一见到孩子们就不顾一切地冲上去……"听到这里，纳斯特从座椅上弹跳起来，大声喊道："我的上帝，赫斯脱先生，这才是一幅出色的漫画！我原来寄给你的那幅漫画，请扔入纸篓吧！"

赫斯脱就是通过自言自语的方式，暗示纳斯特的漫画不能发表，让纳斯特欣然地接受了意见。

直接拒绝并没有什么错，但是，如果不顾他人的感受，就有可能造成对方的心理对立，最终不利于自己的人际关系的发展。即便你是个直率的人，也不妨委婉地说话。

言语是需要包装的，就像我们不能裸体出门，拒绝别人也需要适当的"伪装"，借用暗示是一个有效的方法。通过暗示来说"不"，可以很好地化解尴尬，可惜生活中不少人不善用暗示来表达拒绝，经常造成不必要的麻烦。

其实，平时多注意委婉拒绝的技巧，完全可以消除拒绝别人时的尴尬。

2. 通过动作暗示

表达拒绝，并不只是依靠会话。身体的动作也可以表示拒绝的含义，这就是有关拒绝的身体语言。

一天，为了配合下午的访问行程，小王想把甲公司的访问在中午以前结束，然后依计划，下午第一个目标要到乙公司拜访。但是，甲公司的科长提出了邀请：

"你看到中午了，一起吃午饭吧？"

小王与甲公司这位科长平常交情不错，又是非常重要的客户。不能轻易地拒绝。但是，和这位爱聊天的科长一起吃午饭，最快也要磨蹭到下午一点才能走。小王怎样才能不伤和气地拒绝呢？

答案就是在对方表示"要不要一起吃饭"之前，小王就不经意地用身体语言表示出匆忙的样子，例如：说话语速加快或自然地看看表等。但记住：这种时候千万不要提早露出坐立不安的神情，那会让人怀疑你合作的诚意。

通过身体动作也可以把自己拒绝的意图传递给对方。比如摇头的动作，便是最为常见的拒绝动作。有理论指出，当新生儿吮吸了足够的奶水后，他就会左右摇摆脑袋，以此抗拒母亲的乳房。幼儿在吃饱了奶水后，也会用摇头的动作来拒绝。可以说，摇头是最明确表达拒绝的身体语言。当然，拒绝的身体语言并不只是摇头。

当一个人想拒绝对方继续交谈时，可以转动脖子、用手帕拭眼睛、按太阳穴以及按眉毛下部等。这些动作意味着一种信号：我已很疲劳、身体不适，希望早一点儿停止谈话。显然，这是一种暗示拒绝的方法。此外，微笑的中断、较长时间的沉默、目光旁视等也可表示对谈话不感兴趣、内心为难等心理。

所以，一定要学会一套巧妙的暗示拒绝法，在短时间内表达出"不"的意思，把正事办妥，并且做到不伤和气地拒绝。

"拖",拒绝别人的有效方式

拖延,是一种恶习,大多数人都十分厌恶,但是如果将拖延用到了合适的地方,坏习惯也可能会变成好手段。将拖延用到拒绝方面,便有无穷的妙用。特别是在某些事情立即决断不符合我们的利益时,直接拒绝对方会导致尴尬,又容易伤感情,这时可采用拖延的方法。

人的耐心往往没有那么好,如果你想拒绝他人,采用拖延战术,效果往往会很显著。拖延的最大特点,就在于能够尽可能地消磨掉对方的耐性和意志,从而避开请求。

当对方提出要求时,你迟迟没有答应,只是一再表示要研究研究或考虑考虑,那么对方应该能了解你是不愿意答应的,不需要你明确地说不,对方就会感觉到你的拒绝之意。

1. 不必当场拒绝

一般人都不太好意思拒绝别人,但在很多情况下,我们为了避免多余的困扰,对一些不合理或不合自己心意的事有必要拒绝,如何既不伤害对方自尊心又能达到拒绝的目的呢?

某单位一名职工找到上级要求调换工种。领导心里明白调不了,但他没有马上回答说"不可能"。而是说:"这个问题涉及好几个人,我个人决定不了。我把你的要求带上去,让厂部讨论一下,过几天答复你,好吗?"

这样回答可让对方明白：调工种不是件简单的事，存在着两种可能，使对方思想上有所准备，这比当场回绝效果要好得多。不仅给人留住了面子，也使自己摆脱尴尬的境地。可以说是一举两得。

当对方提出请求后，你可以说："让我再考虑一下，明天答复你。"这样，既给你赢得了考虑如何答复的时间，也会使对方认为你是很认真对待这个请求的。

2. "看下时间安排再说"

某位作家接到老朋友打来的电话，邀请他到某大学演讲，作家如此答复："我非常高兴你能想到我，我会查看一下日程安排，然后会回电话给你的。"

这样，即使作家表示不能到场的话，他也有了充裕时间去化解某些可能的内疚感，并使对方轻松、自在地接受。

生活中有很多事情不适合太快地决定，这也是拒绝他人的好借口。你可以回答对方"我需要考虑"，或"我要看一下自己的安排"。通过这样的拖一下，可以为自己赢得思考的时间，拖延可以帮助我们想合适的办法来拒绝对方，也可以帮助我们想办法获得最惠待遇。

3. 客观实在的拖延理由

黄涛夫妻俩下岗后，自谋职业，利用政府的优惠贷款开了一家日用品商店，两人起早摸黑把这个商店办得红红火火，收入颇丰，生活自然有了起色。黄涛的舅舅是个游手好闲的赌棍，经常把钱输在了麻将桌上,这段时间,手气不好又输了,他不服气,还想捞回本钱,又苦于没钱了,就把眼睛瞄准了外甥的店铺,打起了主意。一天,这位舅舅来到了店里对黄涛说:"我最近想买辆摩托车,手头尚缺5000块钱,想在你这儿借点儿周转,过段时间就还。"黄涛了解舅舅的嗜好,借给他钱,无疑是肉包子打狗。何况店里资金周转也紧张,就敷衍着说:"好!再过一段时间,等我有钱把银行到期的贷款支付了,就给你,银行的钱可是拖不起的。"这位舅舅听外甥这么说,没有办法,知趣地走了。

黄涛不说不借,也不说马上就借,而是说过一段时间,等支付银行贷款后再借。这话含多层意思:一是目前没有,现在不能借;二是我也不富有;三是过一段时间不是确指,到时借不借再说。舅舅听后已经很明白了,但他并不心生怨恨,因为黄涛并没有说不借给他,只是过一段时间再说而已,给了他希望。

如果你知道对方的求助很急,必须立即处理,而你又想拒绝他,这时你就可以采取刻意拖延法。比如:"这件事没有问题,不过这两天我要去外地出差,等回来后就帮你处理,可以吗?"既然事情无法立即由你来完成,对方又比较着急,所以他只得另谋他途。

因此,处理事情时,巧妙地一带而过比正面拒绝有效,且不伤和气。

先抑后扬，让对方在宽慰中接受拒绝

尊之则悦，不尊则哀。当得到肯定的评价时，人们的自尊心理得到满足，便会产生一种成功的情绪体验，表现出欢愉乐观和兴奋激动的心情，进而"投桃报李"，对满足自己自尊欲望的人产生好感和亲近力，采取积极的合作态度，交际随之向成功的方向发展。反之，当人们受不到尊重、受到不公正的评价时，便会产生失落感、不满和愤怒情绪，进而出现对抗姿态，使交际陷入危机。

在人的心理机制中，心理补偿效应的影响十分明显。在拒绝别人时，可以采用先抑后扬的方法，这也是一种在拒绝别人时为对方寻求宽慰的方法。

拒绝是没有问题的，我们需要考虑的是拒绝以后的事情，特别是人心的安慰。因为在拒绝面前，每个人都有一颗失落的心，那种空空的感觉让人非常不开心。如何填补这种失落的空白，是我们所需要考虑的事情。

先用肯定的口气去赞赏别人的一些想法和要求，然后再来表达你需要拒绝的原因，这样就不会直接去伤害对方的感情和积极性了，而且还能够使对方更容易接受你，同时也为自己留下一条退路。

1. 以合适的方法补偿对方

历史上不少人都精通拒绝的艺术，在说"不"的同时，还能给足对方面子。

19世纪时的英国首相狄斯雷利，在任职期间碰到了一件令他很为难的事。

一次，一个野心勃勃的军官一再请求狄斯雷利加封他为男爵，还列举了一大堆理由。狄斯雷利知道这个军官才能超群，也很想跟他搞好关系。但是，军官当时的条件还不够加封资格，狄斯雷利无法满足他的要求。

怎样才能拒绝这个军官的请求呢？

经过思考，狄斯雷利便把军官单独请到自己的办公室里，对他说：

"亲爱的朋友，很抱歉，我不能给你男爵的封号。但我可以给你一件更好的东西。"

军官听了，一脸诧异。

狄斯雷利笑笑，接着放低声音说：

"我会告诉所有人，我曾多次请你接受男爵的封号，但都被你拒绝了。"

这个消息一传出，众人都称赞这位军官谦虚无私、淡泊名利，对他的礼遇和尊敬远远超过了任何一位男爵。这位军官由衷地感激狄斯雷利，后来成了他最忠实的伙伴和军事顾问。

看到这个故事，你是否佩服这位首相处理问题的智慧？也许你会认为这位首相是一个圆滑的人。

与其让对方因心理补偿需求而对我们心生怨恨，不如我们在拒绝之后，主动去补偿对方，化解双方的尴尬。

如果不能满足对方所提出的要求，可以帮助对方做力所能及的事情，以作补偿。本来拒绝是件尴尬的事，但你这样做了，对方心理得到补偿，原本的不满也会化解。哪怕你不能帮对方做其他的事情，也可以用其他的方式给人以安慰。

2. 表现你的诚心诚意

李刚和王静是大学同学，李刚这几年做生意虽说挣了些钱，但刚买了房子，手头也没有多少现金。两人毕业后一直没有来往。一天，王静突然向李刚提出借10万元钱的请求，李刚很犯难，借吧，怕担风险；不借吧，同学一场，又不好拒绝。思忖再三，最后李刚说："你在困难时找到我，是信任我、瞧得起我。但不巧的是我刚刚买了房子，手头一时没有积蓄。要不这样，你先等几天，等我向同学借一点儿，给你凑两万，行不？"

有的时候对方可能会因急于事成而相求，但是你确实又没有能力、没有办法帮助他，一定要考虑到对方的实际情况和他当时的心情，避免使对方恼羞成怒，造成不必要误会。

在拒绝别人之后，一定要表现出自己的诚心与诚意，避免让人心里留下疙瘩。因为你的拒绝必定给请求者造成一定的麻烦，你应该为他提供一些其他的途径和方法，这样能够减轻对方的挫折感和对你的怨恨心理。

贬低自己，降低对方期望值

用自我贬低的方法或者在玩笑的氛围中拒绝他人，不仅维护了别人的面子，也使自己全身而退。

比如朋友想邀你一起去玩电游，你可以推辞说："我们都是好朋友，说出来不怕你们笑话，我学了几年，一直玩得不像样，你们看了都会觉得扫兴，为了不影响你们的兴致，我还是不去为好。"又比如说，在同学聚会的时候，你确实不会喝酒，你可以说："我是爸妈的乖儿子，在家里面又没有什么地位，要是喝了酒，回去后肯定会被我爸揍死的，甚至还会被我妈骂死，你们就饶了我吧！"同时，你还可以说一些其他的事例进行说明，或者找一些比较好的借口来增强这种自我贬低的效果。

在贬低自己的策略中，"装疯卖傻法"是一种特殊形式，即"表示自己无能为力，不愿做不想做的事"。也就是说："我办不到，所以不想做！"

1. 表明自己无能为力

这招便是表明"我没有能力做那件事，因此我不愿意做"的一种方法。根据工作的内容，"无能"的内容也有所不同。例如：

（别人要求你处理电脑文书资料时）

"电脑我用不好，光一页我就要打一个小时，而且说不定还会把重要的资料弄丢！"

（别人要求你做账簿时）

"我最怕计算了，看到数字我就头痛！"用于与自己平日业务无关的业务上。

不过，所表明的"无能"的理由不具真实性，那可就行不通了。例如刚才电脑处理的例子，如果是在电脑公司，说这种话谁信？后面那个例子，如果发生在银行，也绝对会显得很突兀。平常愈少接触到的工作，说这种话时，所获得的可信度也就愈大。所以要说"我没做过""我做得不好"这些话的时候，这些话一定要具有可信度才行。

根据心理学家的调查发现，人们的确有在日常生活中故意装傻的现象。例如在上班族中，有20%的人曾对上司装过傻，而14%的人对同事装过傻。虽然它跟"楚楚可怜法"一样，会导致评价降低，但令人惊讶的是，仍有一成以上的人是在自己有意识的情况下用了这个办法。

一般情况下"装疯卖傻法"的场合有以下3种：

第一，不愿做不想做的事。例如像是打杂的工作、很花时间的工作，或单调的工作等，还有像公司运动会之类的公司内部活动的筹办工作也是其中之一。像这种情形便有不少人会用"我不会呀"或"我对这方面不擅长"等理由，把不想做的事巧妙地推掉。

第二，拒绝他人的请求。当别人找上你，希望你能帮他的忙时，你很难直接说"不"吧！因此便以"我很想帮你，可是我自己也没有那个能力"的态度来婉言拒绝。拒绝别人这种事，很难直接以"我不愿意"这种态度来拒绝，而且还可能会让对方怀恨在心。因此，若是用能力，也就是自己无法控制的原因来拒绝（想帮你，可是帮不了）的话，拒绝起来便容易多了。

第三，想降低自己的期望值。一个人若能得到他人的高度期待，固然值得高兴，但压力也会随之而来。因为万一失败，受到高度期待的人，所带给其他人的冲击性会更大。

因此，借表现自己的无能来降低期望值，万一将来失败，自己的评价也不会下降得太多；相反，如果成功，反而会得到预期之外的肯定。

利用幽默拒绝，让对方愉快接受

人们一旦投入社交，无论他的地位、职务多高、成就多大，他们无一例外地都关心外界对自己的评价。由于来自外界评价的性质、强度和方式不同，人们会相应地做出不同反应，并对交际过程及其结果产生积极或消极的影响。

化解拒绝时的尴尬，最好的方式莫过于轻松的幽默。通过幽默的方式，让对方清楚地感受到你的拒绝，又不会显得太激烈。对方可能在哈哈一笑中，将尴尬抛向九霄云外了。

有一位"妻管严",被老婆命令周末大扫除。正好几个同事约他去钓鱼,他只好回答:"其实我是个钓鱼迷,很想去的。可成家以后,周末就经常被没收了!"同事们哈哈大笑,也就不再勉强他了。

用幽默的方式拒绝别人,有时可以故作神秘、深沉,然后突然点破,让对方在毫无准备的大笑中接受这个结果。

有时候拒绝的话因为用幽默的方式表达出来,能在达到拒绝目的的同时,让别人很愉快地接受。

1. 明确拒绝的目的

意大利音乐家罗西尼生于1792年2月29日,因为每4年才有一个闰年,所以等他过第18个生日时,他已72岁。他说这样可以省去许多麻烦。在过生日的前一天,一些朋友来告诉他,他们集了两万法郎,要为他立一座纪念碑。他听了以后说:"浪费钱财!给我这笔钱,我自己站在那里好了!"

罗西尼本不同意朋友们的做法,但他没有正面回绝,而是提出一个不切实际的想法:"给我这笔钱,我自己站在那里好了!"含蓄地指出朋友的做法太奢侈,点明其不合理性。

在谈笑之间对人说不,不仅气氛轻松,也能顺利达到拒绝的目的。我们要知道,拒绝时运用幽默,不仅是为了拒绝,还有营造活跃气氛的效果。

如果你想拒绝,可以融入幽默,既避免了对方的难堪,又转移了对方被拒绝的不快。比如在谈判过程中说:"如果贵方坚持这个进价,那你们能为我们准备过冬的衣服和食物吗?总不忍心让员工饿着肚子为你们干活吧。"这种话语就比较有意思，实际上已经否定了对方的谈判价码，还能有效地缓和气氛。

2. 不能让对方难堪

雨果成名后，一张张请帖雪片似的飞来，怎么办？直接拒绝显得没有礼貌，于是他想出了个好办法：拿起剪刀，咔嚓咔嚓，把自己的半边头发和胡子剪掉。当有人敲门进来说"请您参加……"时，雨果笑嘻嘻地指着自己的头发和胡子说："哟，我的头发很不雅观，真遗憾！"邀请者见状，哭笑不得，只好悻悻而归，却又因此情此景而大大消除了被谢绝引起的不悦。当雨果的头发长齐后，又一部巨著问世了。

即使是同样性质的谢绝，我们也无须要大家东施效颦地去学雨果剃"阴阳头"的做法。故事给我们的启迪在于：任何拒绝一般都不会令人愉快，为此，我们就要想方设法使用幽默诙谐的手法，将对方这种不悦心情减少到最低限度。

拒绝并不一定是一件严肃的事，适当地在拒绝别人的时候加入一些调笑剂，不仅不让对方难堪，而且你自己心里也不会有太大的压力和内疚。事实上，拒绝可以是一件轻松的事情。

3. 让对方愉快地接受

有一次，林肯受邀在某家报纸编辑大会上发言，他觉得自己不是编辑，却出席这种会议，很不相称。所以，想拒绝出席这次会议。他是怎样做的呢？

他给大家讲了一个小故事："有一次，我在森林中遇到了一个骑马的妇女,我停下来让路,可是她也停了下来,目不转睛地盯着我的脸看了很长时间。她说:'我现在才相信你是我见到过的最丑的人。'我说:'你大概讲对了,但是我又有什么办法呢?'她说:'当然,你生就这副丑相是没有办法改变的,但你可以待在家里不要出来嘛!'"大家为林肯的幽默哑然失笑了。

林肯借妇女的口对自己的相貌嘲笑了一番,主旨在于暗示他并不愿出席这个编辑大会,让人在笑声中淡忘了被拒绝的尴尬,将遗憾缩减到了最低限度,并且林肯也取得了对方的支持与谅解。

运用诙谐的手段让彼此开怀,让别人愉快地接受拒绝,不失为处世良方。

4. 结合实际的幽默拒绝

对任何人来说,拒绝别人的话总是不好出口的,但拒绝的话又经常不得不说出口。这时不妨用幽默方式说出拒绝的话,把对方遭到拒绝时的不愉快擦掉。

小王毕业后分配到一个小地方做一些打杂的工作,开始很失意,成天和一帮哥们儿喝酒、打牌。后来逐渐醒悟过来,开始报名参加等级考试。

有一天晚上,他正在埋头苦读,突然一个电话打过来叫他去某哥们儿家集合,一问才知道他们"三缺一"。小王不好意思讲大道理来拒绝他们的要求,也不想再像以前那样没日没夜地玩,便回答说:"哎呀,哥们儿,我的酸手艺你们还不清楚啊,你们诚心让我进贡啊，我这个月都要弹尽粮绝了，这样吧，就打一个小时，你们答应我就去，不答应就算了。"一阵哄笑过后，对方也不好食言。

无论一个人的职业是什么，适当的幽默必能帮助他应付世人。幽默的性格易于传染，快活有趣的人不必开玩笑也能提高大家的情绪。幽默使人发笑，博得他人的好感，缓和紧张的局面，用幽默的话来拒绝别人，别人也会平和地接受你。

5. 有些幽默需要慎用

一位演技很好、姿色出众但学历不高的女演员，对萧伯纳的才华早就敬而仰之。她平时生活在众星拱月的环境中，多少有一些高傲神气，总以为自己应该嫁给天下最优秀的男人。某次宴会上，她和萧伯纳相遇了，她自信十足，以最迷人的音调向萧翁说："如果以我的美貌，加上你的智慧，生下一个孩子，一定是人类最最优秀的了！"

萧伯纳立刻微微一笑，不疾不徐地回答："对极了。如果这孩子长成了我的貌和你的智慧，那将是怎样呢？"这位美女演员愣了一下子，终于明白了萧伯纳的拒绝之意。她失望地离开了。

用假设的方法，虚拟出一个可能的结果，从而产生一个幽默的后果，而这个后果正好是你拒绝的理由。这样，不仅不至于引起不快，还可能给对方一定的启发。

值得注意的是，萧伯纳的这种场合的幽默并不能随便用，如果运用得不好，不仅不能消除尴尬，还可能会制造尴尬。

迂回拒绝，让对方理解并接受

面对别人的要求你不好正面拒绝时，可以采取迂回的战术，转移话题也好，另找理由也好，主要是善于利用语气的转折——绝不会答应，但也不致撕破脸。比如，先向对方表示同情，或给予赞美，然后再提出理由，加以拒绝。由于先前对方在心理上已因为你的同情而对你产生好感，所以对于你的拒绝也能以"可以谅解"的态度接受。

当然，拒绝别人是一件很难办的事。当别人提出要求时，你往往不好意思张口说"不"，因为这样很可能会伤害对方的感情，造成两个人的关系疏远。但是，如果答应别人的要求，自己又确实有难处，这时不妨考虑怎样拒绝别人。拒绝别人也要考虑对方的情感，尤其要考虑对方的面子。

面对亲密之人提出的不当要求时，切忌直接拒绝。尽量使用间接拒绝的方法。从对方的立场出发，阐明自己的观点，就会使对方自然而然地接受了。

拒绝是一种常见的现象，但怎样拒绝而不使人难堪，让人有台阶可下，则有一定技巧。这里列举几种恰到好处又不失礼节的拒绝方式。

1. 体现友好和热情

一位青年作家想同某大学的一位教授交朋友，以期今后在文学艺术创作和理论研究方面携手共进。作家热情地说:"今晚6点,我想请你在海天餐厅共进晚餐,我们好好聚一聚,你愿意吗?"事情真凑巧,这位教授正在忙于准备下星期学术报告会的讲稿,实在抽不出时间。于是,他微微地笑了笑,又带着歉意说:"对你的邀请,我感到非常荣幸,可是我正忙于准备讲稿,实在无法脱身,十分抱歉!"他的拒绝是有礼貌而且愉快的,但又是那样干脆。

这位教授虽然拒绝了青年作家,但态度热情诚恳,因此,并没有让青年作家产生不快,而是愉快地接受了对方的理由。

要耐心倾听别人的要求。即使他说了一半你就明白此事非拒绝不可,为了确切了解他的用意以及对对方表示尊重,也要听完他的话。拒绝别人时,表情应和颜悦色,最好能多谢对方想到你,并略表歉意,同时说出拒绝的理由。一旦说出理由,则只需重复拒绝,而不应与之争辩。拒绝之后,若有可能和必要,可为他提供其他途径的帮助。

2. 言辞要尽量委婉

东汉光武帝刘秀的姐姐湖阳公主的丈夫死后,她看中了朝中品德高尚的宋弘,就请刘秀撮合其事。一次,刘秀把宋弘叫来,以言相探道:

"俗话说,'位高换友,富贵换妻',是人之常情吧?"

刘秀运用俗语来试探宋弘,以期得到宋弘的共鸣,让他来娶湖阳公主。而宋弘是个品德高尚的人,不为所动。但在这种情况下,既不能含糊其词,留下后患,又不能直来直去,冒犯皇上。

于是宋弘机敏地回答道:"我听说,'贫困之交不能忘,糟糠之妻不下堂',这样才是好的品行,也是皇上所推行的美德吧!"

一句话说得皇上连连称赞宋弘的美德。后来,宋弘不仅委婉拒绝了湖阳公主,而且还受到了皇上的重用。

宋弘巧妙地运用引证术,言辞委婉而又毫不闪避地表示了自己的回绝态度,这样不仅没有冒犯皇上,而且还达到了拒绝的目的。

有的人担心拒绝可能引起对方的不愉快,或触怒对方,其实讲究一下拒绝的技巧,采用委婉拒绝,会很大程度上避免和消除以上的疑虑。

3. 拒绝不要太生硬

有些时候别人委托你办的事,但自觉实在是做不到,你就应该很明确地表明态度,说:"对不起!我实在不能接受。"这才是真正有勇气的人。当然,拒绝需要有一定的策略。

甘罗的爷爷是秦国的宰相。有一天,甘罗见爷爷在花园走来走去,不停地唉声叹气。

"爷爷,您碰到什么难事了?"甘罗问。

"唉,孩子呀,大王不知听了谁的教唆,硬要吃公鸡下的蛋,命令满朝文武想办法去找,要是三天内找不到,大家都得受罚。"

"秦王太不讲理了。"甘罗气呼呼地说。他眼睛一眨,想了个主意,说:"不过,爷爷您别急,我有办法,明天我替你上朝好了。"

第二天早上，甘罗真的替爷爷上朝了。他不慌不忙地走进宫殿，向秦王施礼。

秦王很不高兴，说："小娃娃到这里捣什么乱！你爷爷呢？"

甘罗说："大王，我爷爷今天来不了啦。他正在家生孩子呢，托我替他上朝来了。"

秦王听了哈哈大笑："你这孩子，怎么胡言乱语！男人家哪能生孩子？"

甘罗说："既然大王知道男人不能生孩子，那公鸡怎么能下蛋呢？"

甘罗的爷爷作为秦国的宰相，面对秦王的无理要求，找不到合适的办法拒绝。甘罗作为一个孩童，能如此得体地拒绝秦王，并让秦王不得不放弃自己的无理要求，实在是大出人们的意料。也正因为如此，秦王才有"孺子之智，大于其身"的叹服。以后，秦王又封甘罗为上卿。

通常情况下，人们对自己提出的要求总是念念不忘。但如果长时间得不到回音，就会认为对方不重视自己的问题，反感、不满由此而生。相反，即使不能满足别人的要求，但只要能明确地表明态度并讲究一定的策略，对方就不会抱怨，甚至会主动撤回让你为难的要求。

拒绝的方法有许多，一定要看好时机，用最自然的形式将你的本意暗示出来。

说话要有互通性

成功的谈话，是所有人都积极参与到谈话过程中的心与心的双向沟通。

说话是双方面的，甚至是多方面的。在演讲的时候，只有演讲者一个人在讲，无论他讲的是自己预先拟好的演讲词，或是别人替他准备的演讲词，只要懂得演讲的技巧，把演讲词明白生动地讲出来，就完成了演讲的任务。可是要做一次好的谈话，却不只是讲，还要善于听，不仅要把自己的话讲好，还要善于听别人的话，而自己所要说的话，也不能像演讲一样，可以事先完全准备妥当，照讲无误，而是要善于随机应变。

当你面对一个人谈话的时候，如果只是一大套一大套地把自己想好的话讲出来，而不了解对方的看法和兴趣，不能观察对方对你的话有什么反应，有什么疑问，不能及时地解除对方心理的症结，那你就不能算是一个好的谈话者。

成功的谈话，是所有人都积极参与到谈话过程中的心与心的双向沟通。要达到这种沟通，最有效的方式就是提问。适时巧妙的提问，可以避免交谈中的利害冲突，甚至还有可能掀起谈话的高潮。

提问通常有4种方式：

1. 限制型提问

这是一种目的性很强的提问法，也就是给所提的问题限制一个范围。它能帮助提问者获得较为理想的回答，减少被提问者拒绝回答的可能。

例如，香港一般茶室的客人喝可可时，都喜欢放个鸡蛋。侍者在客人要可可时必问一句："要不要放鸡蛋？"有好多客人就回答说不要。但是如果侍者要问："放一个还是两个鸡蛋？"这样对方的选择范围就小了，提问者就可能得到一个对自己有利的回答。

2.选择型提问

这种提问方式多用于朋友之间，表明双方并不在乎如何选择。例如，你和朋友一起去酒吧，你不知他的喜好，便问："咱们要生力啤酒，还是青岛啤酒？"

3.协商型提问

如果你要别人按照你的意图去做事，你可以用商量的口吻提问。例如，你要秘书起草一份文件，先把意图讲清，随后问一句："你看这样是否妥当？"

4.婉转型提问

为了避免对方拒绝回答出现尴尬局面，可婉转地提出问题。例如，一个小伙子遇到了心仪的姑娘，但不知姑娘怎么想，他可以试探地问："我能陪你走走吗？"如对方不愿意，她的拒绝也不会令小伙子太难堪。

在日常交际中，一般不可问别人有多少钱，女子的年龄，别人的家世，以及别人工作上的秘密。

问话需要讲究艺术。同样的要求用不同的方式提问，收到的效果截然不同。精妙的提问可以使你获得所需要的信息、知识和利益，帮助你了解对方的需要和追求，从而达到人与人之间的交流和互助，促成交往的成功。提问要注意以下4个方面：

1. 提问一定要看对象

提问应因人而异，要从对方的年龄、身份、职业、性格以及不同的民族文化背景出发，选择不同的提问方式与技巧。如对高龄老人，就不宜问："你几岁了？"而应问："您高寿？"如对一位正感叹流年似水、老之将至的女士提出一个看似很平常的问题："您今年多大年龄？"尽管你毫无恶意，也定会惹得她不快。其次，不同的民族文化背景有着不同的提问寒暄方式。在我国，朋友、同事、邻居见了面习惯的提问是："吃过饭了吗？""忙着上哪儿去呀？"对方听了会感到亲切友好。但是同样的话，对英、美等外国人说，就会引起误解或让他们产生不快。问他吃过没有，他会误以为你要请他吃饭；问他上哪儿去，他则认为你在干预他的私事。再次，提问要根据对方的知识水平。例如，有一位记者去一家机床厂采访一个曾去过埃及的工人，想请他谈谈埃及人民怎样反抗英国殖民主义，这个文化程度不高的工人根本不理解记者的意思，结结巴巴说不出话来。后来，这名记者换了个问题："埃及人对英国人怎么看？"这下子对方明白了，话匣子一打开便滔滔不绝地说起来，那位记者也获得了自己需要的材料。

2.提问还要注意你所提的问题是否能让对方有话可答

有些人由于提问的方式过于笨拙，使对方无法回答。

有一个不善于提问的记者，他采访美国某跳水运动员（母亲是上海人）时连续问："你的母亲是上海人吗？""你这次要去上海吗？""你准备在上海见你亲戚吧？"面对这些平淡无奇的问题，运动员只好一次一次地重复："Yes！"这不能怪运动员不健谈，而是对这种笨拙的问题只能回答到这种程度。如果记者换另一种方法问："你准备怎样把对你母亲的怀念带回美国呢？"情况就不大一样了。运动员不但可以介绍自己在中国的所见所闻，还有充分余地述说一下自己来中国的感受。

3.提问要掌握时机

两个过去很要好的朋友都刚刚走上工作岗位，一个偶然的机会他们相遇了，互相询问："你们单位待遇怎样？你工资多高？谈恋爱了吗？"显得既亲热自然，又在情理之中。但是，如果一位姑娘经人介绍与一位从未见过面的小伙子在公园见面。俩人准时赴约了，沉默了一会儿，姑娘抬头问："你谈过恋爱吗？工作轻松吗？工资多少？"其结局就可想而知了。

4.提问还应该注意措辞是否得当

例如，在会议上我们经常听到主持人这样提问："不知各位对此有何高见？"虽然从表面上看，这种问话很好听，但效果很不好。十有八九，与会者会半天不出声。高见？众目睽睽，谁敢肯定自己的见解就高人一等呢？就算是有高见，谁又好意思先开口呢？这说明了提问的措辞不佳。如果你问："各位有什么想法呢？"恐怕效果会好一些。

又如，你到酒家或饭店点菜，切忌这样问："这鱼新鲜吗？"这种问法是很不艺术的。新鲜也罢，不新鲜也罢，对方肯定会说新鲜。结果，真要不新鲜，吃亏的恐怕还是你自己。如果你开始这样问："今天有什么好菜吗？"那就等于说，不管什么菜，只要好便行。这样问来，既表示你谦虚，又显得你大方，酒家或饭店的招待员自然会把最好的新鲜菜肴介绍给你。

再如，妻子偶尔回家迟了一个小时，刚进家门，丈夫就气呼呼地责问："怎么晚了一个小时，到哪儿鬼混去了？！"妻子反唇相讥："和情夫逛街去啦！怎么着？"一场夫妻大战就迫在眉睫了。如果丈夫换一种措辞，换一种语调，殷勤地从妻子手中接过提包，面带笑容问道："累了吧，是不是……"妻子自然会把回家晚了的原因解释清楚。注意措辞，实际上是提问时努力营造一种亲切友好、轻松自然的气氛，有利于收到良好的提问效果。

只有注意了以上几点，把问题提好了，才能真正达到谈话的互通性目的。

第八章 言笑得当，留心规避社交禁忌语

言行一致，说话不要口是心非

做人就要做个真诚的人，要言行一致，待人要真诚，不要两面三刀。

今天，人们有一种普遍的心理：不信任。造成这种心理的原因之一，大概是生活中"口是心非"的人太多了。口是心非，毫无疑问，就是表面上说得天花乱坠，而内心则全非如此；嘴里说着对你的赞誉之词，而内心则是恶毒的诅咒……试想一下，如果长期生活在这些人当中，吃过几次亏之后，不论是谁都会增强戒备之心，对他的话打上几个问号。但是，如果每个人都变成了这样，都像戴着一副面具交往，生活还有什么意思呢？人与人之间的真诚、友爱都到哪里去找呢？所以，我们要努力去扭转这个局面，要学会真诚，切不可做个口是心非的人。

口是心非的人最善于钩心斗角，他每天都在考虑如何表面上应付别人，行动上又如何去算计别人。与这种人为伍是非常危险的。因为你不知道他心里到底是怎么个想法。在文学史上，《伪君子》中的答尔丢夫就是口是心非的最典型代表，他已成为"伪善、故作虔诚的奸徒"的代名词。他表面上是上帝的使者、虔诚的教徒，而实际上是个色鬼，是个贪财者；他表面上对奥尔贡一家恭维，而实际上则用最卑鄙的手段去谋害这一家人。可以说他是个表面上好话说尽，实际上则是坏事做绝的最无耻、最卑鄙的小人。但是他最终的结局呢？他的这一套无耻的手段终于被人识破了，西洋镜最终被人揭穿，答尔丢夫成了万人唾弃的小人。他整天苦心算计别人，最终倒把自己推进了万丈深渊。

口是心非与虚伪可以说是同义词。因为口是心非的人为了掩饰自己内心的想法，必然要用谎言去应付别人。谎言说多了，被别人识破了，他也就成了一个虚伪的人。一旦在别人的心目中是个虚伪的人，那你的生活将是很痛苦的，到处是不信任的眼光，到处是不信任的口吻，那滋味会是非常难受的。

总的来说，做伪事说谎话、口是心非大概出于以下几种目的：其一是为了迷惑对手，使对方对自己不加防备，以便达到自己的目的；其二是为了给自己留一条退路，这也是为了保全自己，以便再战；其三，则是以谎言为诱饵，探悉对手的意图，这种人是最危险的。西班牙人有一句谚语：说一个假的意向，以便了解一个真情。也许，这些目的有的不能算作太恶。但作为口是心非者，他需要随时提防被揭露，就像一只伪装成人的猴子一样，他要时刻防备被人抓住尾巴；口是心非者也最容易失去合作者，因为他对别人不信任、不真诚，别人也就以其人之道还治其人之身；在梦想成功的时候，他却离成功越来越远。

因此，做人就要做个真诚的人，要言行一致，待人要诚实，不要两面三刀。林肯讲过："你能在所有的时候欺骗某些人，也能在某些时候欺骗所有的人，但你不能在所有的时候欺骗所有的人。"千万不要做一个口是心非的小人，在工于心计、算计别人中度过一生，而要坦诚地做人，用一颗真诚的心去对待别人，这样你说的话你做的事才能被人信任，才会有分量。

别人的短处不要随意谈论

如果别人向我们谈起某人短处的时候，我们也应该听了便罢，不要深信这种传言，不必将此记在心中，更不可做传声筒。

金无足赤，人无完人；凡人皆有其长处，亦必有其短处。怎样在交谈中正确对待别人的短处，这也是一门学问。

人有短处是一点儿也不值得奇怪的。有的人也许是因为长久以来形成一种固有的生活方式，而其他人大都对此看不惯，这便成了他的"短处"；有的人也许在自己的生活与处事中的确有些微小的毛病，但这些毛病对他的整个对外交往是无足轻重的；有的人也许不是出于主观的原因而出现一些较严重的缺点，但他自己却全然无知；如此等等，不一而足。对待他人的短处，不同的人则用不同方法。有的人在与他人的谈话中，尽量多谈及对方的长处，极力避免谈及对方的短处；也有的人专好无事生非，推波助澜有声有色地编派别人的短处；有的人虽无专说别人短处的嗜好，但平时却对此不加注意，偶尔也不小心谈到别人的短处。

用不同的方式对待别人的短处，所产生的效果也是截然不同的。避免谈及他人的短处，容易与他人建立起感情，形成融洽的交谈气氛；好谈他人短处的人，最易刺伤他人的自尊心，打击人家某方面的积极性，还会引起他人的厌烦；不小心谈别人短处的人，虽无意刺伤他人，但很难想象人家怎样理解你的用意和对你所做出的反应，一般来说容易引起别人的误解与不满。由此可见，我们在与他人的交谈中，应该尽量避免谈论别人的短处。

如果别人向我们谈起某人短处的时候，我们也应该是听了便罢，不要深信这种传言，不必将此记在心中，更不可做传声筒。而且还要提醒谈论别人的短处的人，是否对所谈的事情有所调查、确有把握。

人群相聚，都不免要找个话题闲聊。天上的星河，地上的花草；眼前的建筑，身后的山水；昨日的消息，今天的新闻，都是绝好的谈话内容。何必说东家长西家短，无事生非地议论人家的短处呢？作为一个有修养的人，一定要远离说人家短处的不道德的行为。

当心，说话无礼招人烦

如果说话的人滔滔不绝而你又毫无兴趣，觉得不值得花费时间和精力去忍耐,就应该巧妙地停止他乏味的谈话,但千万注意,不可伤害对方的自尊心。

有些人喜欢翻来覆去地述说一件已经说过几次的事情,也有些人会把一个土得掉渣的笑话当成新鲜的笑料。作为一名听众,此时就要练一练忍耐的美德了。不能对他说:"这话你已经说过多次了。"这样,会伤害他的自尊心。你唯一能做的就是耐心倾听,在心中想想他的记忆力不好,并真正同情他,而且他说话时充满诚意,你就用同样的诚意接受他的善意。如果说话的人滔滔不绝而你又毫无兴趣,觉得不值得花费时间和精力去忍耐,就应该巧妙地制止他乏味的谈话,但千万注意,不可伤害对方的自尊心。最好的方法是不动声色地将话题引向对方在行,而且自己也感兴趣的内容。

与人交谈时,既要善于聆听对方的意见,也要适时发表个人意见。一般不提与话题无关的事;更不要左顾右盼、心不在焉;也不要漫不经心地看手表、伸懒腰、玩东西等表现出不耐烦。

在社交场合或与外宾谈话时,"见了男士不问钱,见了女士不问身"。不要径直询问对方履历、工资收入、家庭财产、衣饰价格等私人生活方面的问题。与女士谈话不要说她长得胖、身体壮、保养得好等,对方不愿回答的问题不要追问。不慎谈到对方反感的问题时,应及时表示歉意,或立即转移话题。

与人交谈时要竭力忘记自己,不要老是没完没了地谈个人生活、自己的孩子、自己的事业。要在交谈中给对方发表意见的机会，逗引别人说他自己的事情，同时，你以充满热忱的心去听他的叙述，一定会让对方高兴，给对方留下最佳的印象。

另外，说话时，一定要注意用词，切忌尖刻难听。

说话尖刻的人，未尝不知其伤人，而仍以伤人为快，这完全是一种病态的心理。之所以这样，也自有其根源，换句话说，就是环境带他走入歧途。第一，这种人有些小聪明，且颇以聪明自负，而一般人却不承认他聪明，因此他有怀才不遇之感；第二，这种人有强烈的自尊心，希望别人都尊重他，偏偏却得不到别人的尊重，因此他仇视任何人；第三，仇视的心理一直郁积在心里，始终找不到释放的机会，他又不会自我修养，于是只有四处寻找发泄的对象。他认为人们都是可恶的，不问有无旧恨新仇，都伺机而动、滥放冷箭。

这种人只会失败，不会成功，在家里，即使父兄妻子等亲人也不会和他关系融洽；在社会上，最终会成为众矢之的。所以说，说话尖刻伤人情，最终也是伤自己。人都有不平之气。若觉得对方言语不入耳，不妨充耳不闻；若觉得对方行为不顺眼，不妨视而不见。不必过分计较，更不要伺机嘲弄、冷言冷语，甚至指桑骂槐。快语伤人并无裨益，谈话无"礼"惹人反感。

广结人缘，不在背后诋毁他人

当别人向你诉苦时，应该既对他表示同情，又能置身事外，切不可随波逐流，诋毁别人。

公司里琐碎的事情比较多，这些事情看上去虽小，但若处理不当，可能会使你处于不利的境地。当你对同事或上司不满时，切不可到处诉苦水，或背后诋毁别人。当别人向你诉苦时，应该既对他表示同情，又能置身事外，切不可随波逐流，诋毁别人。否则，你会陷入人际关系混乱的境地，因为没有人敢和一个背后乱说坏话的人在一起，他们都会觉得这样的人十分危险。

如果有的同事在你面前诋毁别人，更不要人云亦云，以讹传讹。为什么这么说呢？首先要明白，你所知道的关于别人的事情不一定确凿无误，也许还有许多隐情你不了解。要是你不假思索就把听到的片面之言宣扬出去，难免会颠倒是非。话说出口就收不回来，事后你完全明白了真相时才后悔不迭，但此时已经在同事之间造成了不良的影响。

事实上，人与人之间的关系相当复杂，如果不知内幕，就不可信口雌黄，以免招惹是非。

某公司企划科李某升为科长，同一间办公室坐了几年，平日不分高下，暗中竞争的同事成了自己的上司，总让人有那么一点儿酸酸的感觉。企划科李某的几个同事背后嘀咕开了："哼！他有什么本事，凭什么升他的官？"一百个不服气与忌妒就都脱口而出了，于是你一句我一句，把李某数落得一无是处。

王新是分配到企划科不久的大学生，见大家说得激动，也毫无顾忌地说了些李某的坏话，如办事拖拉、疑心太重等。可偏有一个阳奉阴违的同事，背后说李某的坏话说得比谁都厉害，可一转身就把大家说李某坏话的事传给了李某。

李某想：别人对我不满说我的坏话我可以理解，你王新乳臭未干，有什么资格说我？从此对王新很冷淡。王新大学毕业，一身本事得不到重用，还经常受到李某的指责和刁难，成了背后说别人坏话的牺牲品。

人与人之间的关系本来就很复杂，特别是在公司里，几个人凑在一起闲聊，话匣子打开就很难合上。很多人因为把持不住，就有可能说别人的坏话，而另一些人就会随声附和，甚至添油加醋地加以传播，那后果将不堪设想。

同事是工作伙伴，不是生活伴侣，你不可能要求他们像父母兄弟姐妹一样真正地包容你、体谅你。很多时候，同事之间最好保持一种平等、礼貌的伙伴关系，彼此心照不宣地遵守同一种"游戏规则"，一起把"游戏"进行到底。更多的时候，你需要去体谅别人。站在同事的角度替他们想一想，也许更能理解为什么有些话不该说，有些事情不该让别人知道。

只有很好地做到独善其身，才能使你广结人缘，不会被卷入是非的旋涡里，从而使你在公司里做到游刃有余，为自己创造更好、更和谐的工作环境。

有错就要及时道歉

每个人都免不了有犯错的时候,一旦错了,就得道歉,只有如此才能避免更大的损失。

人非圣贤,孰能无过?但有的人却认为承认错误是一件有失身份的事情,所以即使犯了错也不肯承认,遮遮掩掩,甚至在别人当面指出或提出的时候都不肯承认,更不要说道歉了。其实,与其等别人提出批评、指责,还不如主动认错、道歉,这样更易于获得谅解、宽恕。如果我们由于自身的孤傲和不安全感宁可让友情出现裂痕也不愿意说"我错了"这句话,那实在是愚蠢至极。

1755年,在竞选弗吉尼亚州议员的辩论中,23岁的上校乔治·华盛顿说了一些侮辱小个子对手、脾气暴躁的潘恩的话,对方当即用桃木拐杖把他打倒在地。站在一旁的士兵立刻冲上去,想为年轻的上校报仇,华盛顿本人却从地上爬起来阻止了他们,说他会处理好此事。

第二天,他写信给潘恩,邀请他在一家酒馆同自己会面。潘恩到达后,本以为华盛顿会要求他先表示歉意,然后与他进行决斗,谁料,华盛顿却先对他表示了歉意,并主动伸出和解之手。

一个人要承认自己的错误的确是需要勇气的。但是,每个人都免不了有犯错的时候,一旦错了,就得道歉,只有如此才能避免更大的损失。而且,说"对不起"的时候,眼睛一定要直视对方,只有这样才能传递出你的心意。如果一边做事一边道歉,或者用回避的方式,都表现不出你的诚意,无法让对方感觉到你是真的认识到了自己的错误。没有辩解的道歉才能让对方感觉你的心意,达到道歉的目的。

小伟在朋友的生日宴会上喝多了,将女主人最喜欢的一只花瓶失手打碎了,以小伟的经济实力赔不起这个花瓶。

为了表示自己的歉意,小伟挑选了一张精致的贺卡,写上自己的歉意:"我知道我的行为给你们造成了困扰,也知道自己的行为是无法原谅的,请相信我绝对不是故意的,如果当时我没有喝醉,也就不会发生那种事情了,所以请接受我最真挚的歉意。"

小伟将卡片亲手交到朋友手里,并带了一瓶朋友最喜欢的酒,不是为了表示赔偿那只花瓶,而是为了表示真诚的歉意。

小伟的这种道歉方式很艺术,你也可以不直接说出"对不起",而是像小伟这样用一张卡片或一份小礼物等,都可以表示歉意。最重要的是不要回避,一开始就要先承认自己的错误,而且道歉一定要有诚意。

真心实意地认错、道歉,不必强调客观原因、做过多的辩解。即使确有非解释不可的客观原因,也必须在诚恳地道歉之后再略为解释,而不宜一开口就辩解不休。否则,你对自己的错误实际上是抱着抽象否定、具体肯定的态度,这种道歉不但不利于弥合双方思想感情上的裂痕,反而会扩大裂痕、加深隔阂。道歉需要诚意。如一方先主动表示歉意,就有可能打破僵局,化紧张为和谐,乃至化"敌"为友。要记住,真正的道歉不只是认错,同时也意味着承认自己的行为给对方造成的困扰,表示你对彼此之间的关系很重视,希望道歉可以化解冲突,重归于好。所以,如果你犯了错,就大方地表示歉意,诚恳地说一句"对不起"吧,这能为你带来更牢固的友谊。

少发牢骚,别把自己弄成"怨妇"

怨天尤人势必损害自己的声誉,它不能博得同情和安慰,反而会招致他人的幸灾乐祸与无礼轻慢。

不停发牢骚的人不见得就不乐于助人,他/她也可以是尽心尽力为别人服务的心地善良之人,但是这种人总是把自己弄成一个"怨妇"的形象,即使好心也不受欢迎。

"烦死了,烦死了!"一大早就听王宁不停地抱怨,一位同事皱皱眉头,不高兴地嘀咕:"本来心情好好的,被你一吵都烦了。"

王宁是公司的行政助理,事务繁杂,工作是有些烦。可谁叫她是公司的"管家"呢,事无巨细,不找她找谁?

刚交完电话费,财务部的小李来领胶棒,王宁不高兴地说:"昨天不是来过了吗?怎么就你事情多,今儿这个、明儿那个的!"抽屉开得噼里啪啦,翻出一个胶棒,往桌子上一扔,说:

"以后东西一起领！"小李有些尴尬，又不好说些什么。

一会儿，销售部的王娜又风风火火地冲进来，原来复印机坏了。王宁脸上立刻晴转多云，不耐烦地挥挥手："知道了，烦死了！先填报修单，"单子一甩，"填一下，我去看看。"王宁边往外走边嘟囔："综合部的人都死光了，怎么什么事情都找我！"对桌的小张气坏了："这叫什么话啊？我招你惹你了？！"

年末的时候公司民主选举先进工作者，领导们都认为先进非王宁莫属，可一看投票结果，50多张选票，王宁只得12张。

有人私下说："王宁是不错，就是嘴巴太厉害了。"

王宁很委屈："我累死累活的，却没有人体谅……"

发牢骚就像传染病一样，不仅自己情绪低落，也让别人感到不舒服，谁愿意整天和一个满腹牢骚的人在一起呢？

不少人无论在什么环境中工作，总是满腹牢骚，逢人便大倒苦水，像祥林嫂般唠叨不停，让周围的同事苦不堪言。也许你自己把发牢骚、倒苦水看作是与同事们真心交流的一种方式，不过过度的牢骚怨言，会让同事们感到既然你对目前工作如此不满，为何不跳槽，去另谋高就呢？

怨天尤人势必损害自己的声誉，它不能博得同情和安慰，反而会招致他人的幸灾乐祸与无礼轻慢。所以说，不管从事什么样的工作，你都要把它当成你个人的兴趣，当成一件喜欢的事去做，不要动不动就发牢骚，影响自己也影响别人。如果觉得实在难以适应，你最好还是换一份工作。

谦卑，铲除人际交往中的有害病症

中国有句俗话，"枪打出头鸟"，如果你什么事都要占尽优势，很可能会招致对方的忌妒，有时还可能在无意中伤害了对方，时间一长，难免造成孤家寡人的局面。

在日常生活中与朋友交往，尤其是和一些地位与处境不如你的人交往，你内心是否会滋生一种居高临下的感觉？如果有，你应该及时铲除人际交往中的这种有害病症。

富兰克林是美国的政治家、科学家，《独立宣言》的起草人之一。他在美利坚合众国创建时，曾建树了许多功绩，故有"美国之父"之称。

有一次，富兰克林到一位前辈家拜访，当他准备从小门进入时，因为小门低了些，他的头被狠狠地撞了一下。

出来迎接的前辈告诉富兰克林："很痛吧！可是，这将是你今天来拜访我的最大收获。要想平安无事地生活在世上，就必须时时记得低头。这也是我要教你的事情，做人要保持低调。"

从此以后，富兰克林记住这句话，并把"低调做人"引入人生的生活准则之中。其实，喜欢炫耀自己、锋芒毕露的人大多是有一定才华的人，他们不甘寂寞，常在言语行动上争强好胜。但是，中国有句俗话"枪打出头鸟"，如果你什么事都要占尽优势，很可能会招致对方的忌妒，有时还可能在无意中伤害了对方，时间一长，难免造成孤家寡人的局面。所以即使才华横溢，也不要到处炫耀，逞一时之快。

　　生活中，有些人总喜欢在别人面前炫耀自己的得意之事，总以为这样就会让朋友高看自己，使别人敬佩自己。殊不知，别人并不愿意听你的得意之事。特别是失意的人，你在他面前炫耀自己的得意之事，他会更恼火，甚至讨厌你。

　　一次，有人约了几个朋友来家里吃饭，这些朋友彼此都很熟悉。主人把他们聚拢来，主要是想借着热闹的气氛，让一位目前正陷入低潮的朋友心情好一些。

　　这位朋友不久前因经营不善，关闭了一家公司，妻子也因为不堪生活的压力，正与他谈离婚的事，内外交迫，他实在痛苦极了。

　　来吃饭的朋友都知道这位朋友目前的遭遇，大家都避免去谈与事业有关的事，可是其中一位姓吴的朋友因为近来赚了很多钱，几杯酒下肚，忍不住就开始谈他的赚钱本领和花钱功夫，那种得意的神情，连主人看了都有些不舒服。

　　那位失意的朋友低头不语，脸色非常难看，一会儿上厕所，一会儿去洗脸，后来他猛喝了一杯酒，就匆匆离开了。主人送他出去，在巷口，他愤愤地说："老吴会赚钱，也不必那么神气地炫耀啊！"

　　主人了解他的心情，因为多年前自己也遇过低潮，正风光的亲戚在他面前炫耀他的薪水、年终奖金，那种感受，就如同把针一根根插在心上一般，要多难受就有多难受。

如果你不想失去朋友，就要时刻注意低调并保持谦逊的风度，如果你不想让有真知灼见的朋友对你避而远之，最好收敛一些，把你仅有的一点儿见识藏好。要记住，喜欢炫耀只会令你失去的越来越多。

及早逃离苦恼的是非之地

万一你不幸卷入是非之境，就要明智地采取相应的应对措施，及早脱身离开，以免祸及自身。

是是非非几乎存在于社会的每一个角落。可能你是个很有正义感的人，忍不住要挺身而出；也可能你是个容易冲动的人，眼里不能容沙，碰上看不过去的事就要马上说出来；也可能你是个……

不管你是什么样的人，奉劝一句，不要轻易招惹是非，等沾上身了想甩也甩不掉，说不定哪天还会招来横祸。万一你不幸卷入是非之境，就要明智地采取应对措施，及早脱身离开，以免祸及自身。远离是非之地，设法脱离困境以保护自己，可以采用以下策略。

1. 适可而止，全身而退

工作中各级平行领导之间，有太多的微妙关系存在，大部分是亦敌亦友的，无论私交如何要好，在上级领导面前，他们还是有数不完的斗争。今天，两人像最佳拍档，在办公室成了"铁哥们儿",但很有可能几天后反目成仇。

某些人可能为了某些目标,希望化干戈为玉帛,以方便日后做事,但亲自出面又太唐突,于是便找来"和事佬"。本来使人家化敌为友,是一件好事。但做好事之余,你得要做些保护自己的工作,也就是说要适可而止,给自己的行动定一个界线,使自己最终能全身而退。

你最好是对双方的对与错不予置评,更不宜为某人解释。告诉他俩"解铃还需系铃人",你的义务到此为止。

2. 区别对待,步步为营

如果平日很要好的两个人,分别在你跟前数落对方的不是,而两人表面上依然友好。这时候,你该怎么办呢?两头为难是一方面,除此之外,你更该小心,因为有一种可能,就是两人在试探你。

其实,你这个"夹心人"并不难做。对两人都冷淡待之,对方发现没有人同情,必然不是滋味,就会掉头另找他人,那么你就自动脱身了。

如两人皆是别有用心,旨在试探你对他俩的喜恶程度,这下你就很难做了,只能采用步步为营的战术了。

既然对方的动机不良,你也不必过分慈悲,不妨还以颜色。分别跟他们说:"对不起,我不愿听你说朋友的坏话,因为我根本不想批评你俩!其实,我的看法对你们并不重要呀!"利用这一招,他们必然会知趣而退。

3. 走为上计

不沾惹是非最有效的方法莫过于"走为上计"。这里的"走"不是消极逃跑,而是主动脱离一种极为尴尬的是非处境,待时机成熟,情况有所转机后,再去积极处理,以图重新打开自己的人生局面。任何是非都会让你受累,而如何彻底摆脱它,则是做人的真学问。

面临是非之境,逃离是最佳之策,切忌老是充当"和事佬"和"夹心人",不幸充当了,也要谨慎待之。

第九章 幽默表达,不知不觉摆脱僵局

言语多点幽默，让话语变有趣

　　幽默是运用意味深长的诙谐语言抒发情感、传递信息，以引起听众的快慰和兴趣，从而感化听众、启迪听众的一种艺术手法。如果我们的言语中能多点儿幽默，那么我们所说的话将会更加有趣，会吸引更多的人。

　　一位著名的作家曾经说过：生活中没有哲学还可以活下去，然而没有幽默的话，恐怕只有愚蠢的人才能生存。幽默是一个人的各种学识、才华、智慧在语言中的集中闪现，是一种"能抓住可笑或诙谐想象的能力"，它是对社会上种种不协调、不合理的荒谬、偏颇、弊端、矛盾实质的揭示和对某些反常规言行的描述。幽默的语言可以使我们内心的紧张和重压释放出来，化作轻松的一笑。在沟通中，幽默的语言如同润滑剂，可有效地降低人与人之间的"摩擦系数"，化解冲突和矛盾，并能使我们从容地摆脱沟通中可能遇到的困境。

　　有一对夫妇带着一个 6 岁的孩子去租房，他们看中了一处房子，可房东不肯将房子租给他们。原因是她喜欢安静，从不将房子租给有孩子的人。夫妇交涉无果，于是 6 岁的孩子对房东说："您可将房子租给我呀，我没有孩子，只有爸爸妈妈。"房东真的把房子租给了他们。孩子从成人的视角看问题，构成了独特的趣味思维形式,让人享受到一种自然天成的天真情趣。

由此看来,幽默不是故作天真,而是从多重视角去透视事件或问题,并找出其中富有情趣的一面,对其进行凸现化、集中化的语言处理,从而化紧张、严肃为轻松、谐趣。幽默是人们适应环境的工具,是人类面临困境时减轻精神和心理压力的方法之一。契诃夫说过:"不懂得开玩笑的人,是没有希望的人。"可见,生活中每个人都应当学会幽默。多一点儿幽默感,就会少一点儿气急败坏,少一点儿偏执极端。

幽默可以淡化人的消极情绪,消除沮丧与痛苦。具有幽默感的人,其生活充满情趣,许多看来令人痛苦烦恼之事,他们却应付得轻松自如。用幽默来处理烦恼与矛盾,会使人感到和谐愉快,友好幸福。那么,怎样使语言富有幽默感呢?不妨试试以下几种方法:

1. 颠倒成趣

把正常的人物关系,或者动机与效果在一定条件下互换位置。

有一位姿色出众但学历不高的女演员写信向幽默大师萧伯纳求爱,她在信中说:"如果我俩结合,生下的孩子,既有我美丽的外表,又有你睿智的头脑,这该多妙呀!"萧伯纳却风趣地回信说:"如果孩子的外表像我,头脑却像你,那该有多糟啊!"

2. 移花接木

把在某种场合下十分恰当的情节或语言,移植到另一迥然不同的场合中，达到张冠李戴、"荒唐"可笑的幽默效果。

生物学家格瓦列夫在一次讲课时，一位学生突然学起鸡叫，引起一片哄笑。格瓦列夫却不动声色地看了下自己的挂表说："我这只表误时了，没想到现在已是凌晨。不过，请同学们相信我的话，公鸡报晓是低等动物的一种本能。"

3. 故意卖关子

首先故意提出一个容易使人产生误解的结论，然后再做出一个出人意料的分析和解释。

作家柯南·道尔在罗马时，一次乘坐出租车去旅馆，途中两人聊了起来。司机问："您是柯南·道尔先生吗？"

"你怎么知道我的名字？"柯南·道尔奇怪地问道。

"啊，简单得很，您是在罗马车站上车的，您的穿着是英国式的，您的口袋里露出一本侦探小说来。"

"太了不起了！"柯南·道尔叫起来，他很惊奇在意大利会碰到第二个"福尔摩斯"。他习惯地问一句："你还看到其他什么痕迹没有？"

"没有，没有别的，除了在皮箱上我还看到您的名字外。"

可见，司机故意卖关子，让柯南·道尔误以为他是第二个"福尔摩斯"。然后，司机再出乎意料地解释，造成强烈的幽默效果。

4. 巧设悬念

当你叙述某件趣事的时候，不要急于显示结果，应当沉住气,给听众营造一种悬念。假如你迫不及待地把结果讲出来,或通过表情动作的变化透露出来,幽默便会失去效力,只能让人感到扫兴。

美国有个倒卖香烟的商人到法国做生意。一天,他在巴黎的一个集市上大谈抽烟的好处。突然,从听众中走出一位老人,径自走到台前,那位商人吃了一惊。

老人在台上站定后,便大声说道:"女士们,先生们,对于抽烟的好处,除了这位先生讲的以外,还有三大好处哩!"美国商人一听这话,连连向老人道谢:"谢谢您了,先生,看您相貌不凡,肯定是位学识渊博的老人,请你把抽烟的三大好处当众讲讲吧!"老人微微一笑,说道:"第一,狗害怕抽烟的人,一见就逃。"台下听众一片轰动,商人不由得心里暗暗高兴。"第二,小偷不敢偷抽烟者的东西。"台下听众连连称奇,商人更加高兴。"第三,抽烟的人永不老。"台下听众惊诧不已,商人更加喜不自禁,听众中要求解释的声音一浪高过一浪。老人把手一摆,说道:"请安静,我给大家解释!"商人格外振奋,催促老人快说:"老先生,请您快讲!""第一,抽烟之人驼背的多,狗一见到他便认为是在弯腰捡石头打它,能不害怕吗?"台下听众笑出了声,商人心里一惊。"第二,抽烟的人夜里爱咳嗽,小偷以为他没睡着,所以不敢去偷。"台下听众一阵大笑,商人大汗直冒。"第三,抽烟人短命,所以没有机会衰老。"台下听众哄堂大笑。此时,大家发现商人不知什么时候溜走了。

这则幽默一波三折，层层推进，老人在把听众的胃口吊得足够"高"时，才不慌不忙地把真实意思表达出来。这就是巧设悬念的魅力。

在与别人交往时，难免会发生一些不必要的摩擦。如果此时从容地开个玩笑，紧张的气氛就能得以缓解，而且对方还会被你的魅力所吸引，被你的宽广胸怀所感动，最后真正乐意地接受你。

幽默是一种智慧的表现，它必须建立在拥有丰富知识的基础上。一个人只有具备审时度势的能力、广博的知识，才能做到谈吐幽默，妙语成趣。因此，要培养幽默感必须不断充实自我，不断从浩如烟海的书籍中汲取幽默的智慧。

善用调侃，让自己获得好人缘

拥有好人缘，未必要比他人多付出多少艰辛，未必给他人多少好处。好人缘是在日常生活中通过各种方式不断沉淀和积累而来的，适当的调侃是让自己获得好人缘的有效手段之一。

幽默是人的天性，没有人不向往愉悦的生活。当遇到不如意之事时，会调侃的人更懂得如何调剂。当受到不公平待遇时，他们即使心情郁闷到极点，也会通过独有的幽默和调侃的语言给人传递出快乐的信息。这样的人乐天且幽默，对生活充满激情，浑身上下洋溢着一种能使人愉悦的气场。

在机关单位上班的老陈人缘极好,单位中无论是领导还是同事,只要提到老陈,没有人会说他不好。

老陈是个大胖子,行动不便,可是他从未因为胖而自卑。一次,办公室的同事们趁午休的空当闲聊,说到了"胖"这个话题。性格开朗的老陈对同事们说:"你们信不信,其实我是个极具亲和力的男人。当在公交车上让座时,我完全能够让两位老人或3位身材苗条的女士坐下。"老陈的一席话逗得在座的同事哈哈大笑,这种轻松愉快的自我调侃表现出他非凡的亲和力。老陈的谈吐给同事们带来了轻松感,使交谈的氛围更加和谐融洽。

其实,适当的调侃不但能在日常社交中起到催化剂的作用,让你获得好人缘,还能帮你获得意想不到的收获呢!

紫欣是个性格挑剔而又感性的女孩,大学毕业后交往过几个男朋友,结果都无疾而终,这令家人和朋友都很不理解。在众人的期盼之下,紫欣终于宣布了自己即将结婚的消息!

结婚那天,紫欣的好多亲友都来了,看着她幸福的样子,好朋友们禁不住问她:"你丈夫到底有什么好,能让你义无反顾地选择了他?"因为朋友们都知道,紫欣的丈夫并不是众多追求者中的佼佼者,他既不是最帅的,也不是最有能力的,而紫欣却毅然接受了他的求婚。紫欣嫣然一笑,说道:"其实没有什么特别的,只是和他在一起我觉得很快乐,无论遇到什么情况,他都能用他那恰到好处的幽默来逗我笑!"

原来如此。新郎以幽默的调侃赢得美人的芳心,"侃"到了爱人,"侃"出好姻缘。

调侃可以为我们带来正面效应,但我们不要就此认为只要是调侃都会收到理想的效果。适当的调侃的确可以为平淡的生活带来一份美意,一圈涟漪,让生活变得有趣。但是,调侃千万不能过度,肆无忌惮的调侃会让人觉得自己是在被人开涮,会让人产生误会,更别说获得对方的好感和认可了。

所以,要掌握好调侃的度。调侃要分时间、场合,最重要的是要注意被调侃的对象,说话要分轻重,这样才能避免过度调侃而引发的不快。

将幽默融入意见中去

想要向别人表达不满或者其他意见却又不想直接说时,我们可以将幽默融入意见中,这样既不伤人,又能达到预期的目的。

工作和生活中经常会出现有一些让人不能认同的做法,如果理直气壮地说出自己的想法,甚至略带指责的语气,那么对方不仅无法心悦诚服地接受你的意见,还会认为你是个自大狂。此时不妨换个方式提意见,将幽默融入你的意见之中。

当遇到令人不痛快的事情时,利用幽默来表达自己的意见,双方相互一笑,事情也就过去了。

杨小姐是一家餐厅的服务员，时常遭到客人的刁难。一天，餐厅来了一位喜欢挑剔的女士，点了一份煎鸡蛋，正好是杨小姐接待的。女士对杨小姐说："我要的煎鸡蛋和别人的不一样，蛋白要全熟，但是蛋黄要生的。放少许盐，放少许胡椒粉。最重要的是，鸡蛋一定要是乡下散养的柴母鸡刚刚下的新鲜鸡蛋！"

杨小姐听过她的诸多要求后，气得不行，但是她没有用不满的语气提出意见，而是出乎意料地说："您提出的这些要求我都记下了，但是对于您要求的那只下蛋的母鸡我还要确认一下，它的名字叫小美，您看合适吗？"

故事中，杨小姐没有直接表达她对这位挑剔女士所提的苛刻要求的不满，而是顺着对方的思路，提出了一个更不符合逻辑的可笑问题来提醒对方：她的要求实在是过分，根本无法满足。

杨小姐所说出的任何一个字都没有伤及对方，这样不但提出了意见，而且也维护了那位女顾客的自尊。试想，在这种情况下，那位挑剔的女士还会因为对母鸡的名字不满而继续挑剔吗？

拿自己开玩笑

犯了错误或者身陷尴尬境地时，不妨自我嘲笑一下，你的失误将随着笑声消减，而你也在他人的心中留下了豁达可爱的形象。

如果你有风趣的思想,轻松地面对自己,你便会发现,可以原原本本地接受自己的身高、体重或其他身体特征;你也会发现,幽默能帮自己以新的眼光去看待对经济的忧虑。也许你无法得到真诚的爱,但是能使你的人际关系充满温暖和谐——与人分享欢乐,甚至和仅有一面之缘的人也会有很好的关系。

自嘲是自己对自己幽默,是消除自己在沟通中胆怯的良方。

自嘲是运用戏谑的语言,向别人暴露自身的缺点、缺陷与不幸,说得俗一些,就是把脸上的灰指给对方看。

自嘲有着独到的表达功能以及实用价值。

苏格拉底的妻子是位有名的泼妇,一次苏格拉底正同朋友们谈话时,他的妻子突然冲进书房大骂苏格拉底,并随手将脸盆中的水浇在苏格拉底身上,把他全身都弄湿了。正当大家感到尴尬万分之际,苏格拉底笑了笑说:"我就知道,打雷之后,必有大雨到来。"

正如人们喜欢谈论一些关于别人的笑话一样,在适当的时候,也要拿自己开开玩笑,要善于自嘲。

美国著名的律师乔特是最善于讲关于自己笑话的人。有一次,哥伦比亚大学的校长蒲特勒在请他做演讲时,曾极力称赞他,说他是"我们的第一国民"。

这实在是一个卖弄自己的绝好机会。他可以自傲地站起来,一副得意扬扬的神气,仿佛是要对听众说:"你们看,第一国民要对你们演讲了。"

但是聪明的乔特并没有如此。他似乎对这种称赞充耳不闻,却转而调侃自己的"无知"。这种自嘲很快博得了听众的好感。

他说:"你们的校长刚才偶然说了一个词,我有点儿听不太懂。他说什么'第一国民',我想他一定是指莎士比亚戏剧里的什么国民。我想,你们的校长一定是个莎士比亚专家,研究莎士比亚很有心得,当时他一定是想到莎士比亚了。诸位都知道,在莎士比亚的许多戏剧中,'国民'不过是舞台的装饰品,如第一国民、第二国民、第三国民,等等。每个国民都很少说话,就是说那一点点话,也说得不太好。他们彼此都差不多,就是把各个国民的号数彼此调换,别人也根本看不出有什么分别的。"

这实在是一种非常聪明的方法,使自己与听众居于同等的地位,拉近了自己与听众的距离。他不想停留在蒲特勒所抬举的那种高高在上的地位上。如果他换一种说法,用庄重一点儿的言辞,比如,"你们校长称我为'第一国民',他的意思不过是说我是舞台上的一个无用的装饰品而已。"虽然表达的意思是一样的,但是绝对不能把那种礼节性的赞词变为一种轻松的笑话,也绝对不会取得那样的效果。

无论是在一帮很好的朋友中,还是在一大群听众中,能够想出一些关于自己的笑话,能够适当地自嘲,是赢得别人尊敬与理解的重要方法,远远要比开别人玩笑重要得多。拿自己开开玩笑,可以使我们对世事抱有一种健全的态度,因为如果我们能与别人平等地相待,就可以为自己赢得不少的朋友。相反,如果我们为显示自己是怎样的聪明,而拿别人开玩笑,以牺牲别人来抬高自己,那我们一生一世也难以交到一个朋友，更不用说距离成功有多遥远了。

成功的人士从不试图掩饰自己的弱点，相反，有时他们会拿自己的弱点开开玩笑。而现实生活中，我们却经常遇到一些专喜欢遮掩自己弱点的人，他们也许脸上有些缺陷，也许所受教育太少，也许举止粗鲁，但他们总要想出方法来掩饰，不让别人知道。但这样做以后，与之交往的朋友会对他们形成一种不诚恳的印象，使人们不愿多与他交往。

那些既缺乏机智又不诚恳的人，常常自以为很幽默，经常喜欢拿别人开玩笑，处处表现出小聪明，结果弄得与他交往的人不敢再信任他，以前的朋友也会敬而远之，纷纷躲避。

适当地拿自己开开玩笑，这不仅是一种机智，更是驱散忧虑、走向成功的法宝。

用幽默巧解纠纷

幽默而风趣的语言能使当事人体会到说话人的温和及善意，拉近人与人之间的距离，进而化解纠纷。

人与人之间发生争吵在所难免，一旦有了纷争，即使认为自己有理，也应避免过分地数落、指责别人。这时，最好的方式是用调侃、幽默的语言，轻松浇灭对方的怒气，化解纠纷。

有个妻子虚荣心很重，当夫妻商量出席友人的婚礼时，她缠着丈夫要买一种昂贵的花帽。此时家里正闹经济危机，丈夫自然不答应花这笔钱。争吵中妻子赌气地说："你看人家小金的爱人多大方，早就给自己的夫人买了这种花帽，哪像你，小气鬼！"

丈夫不愿争论，只是故意夸张地说："可是，她有你这样漂亮吗？我敢说，她要是也有你这么美，根本就不用买帽子装饰了，你说是吗？"妻子一听笑了，一场争吵也随之止息了。

善用幽默而风趣的语言，往往可以化解纠纷。面对剑拔弩张、针锋相对的当事人，自然得体的风趣言语，往往能调节紧张气氛，避免矛盾激化。

一对中年夫妇婚后近10年关系一直不错，但最近在社交应酬问题上，两人发生了矛盾，谁也说服不了谁，面临着离婚的危机。在领导和亲朋好友的劝导和说服下，两人终于心平气和地坐下来相互"交心"，但谁也不愿公开认错，最后还是男方先开了口，说："我们是在斗争中求团结、求生存、求发展的。今天，能进入这样一个和平民主、共同协商的新阶段，是我们双方努力的结果，是大家积极促成的结果，它实在来之不易啊！"女方就势接过话头说："是啊！正因为它来之不易，所以我们要倍加珍惜今天这个安定团结的大好局面！"夫妻两人就这样在亦庄亦谐、妙趣横生的对话中言归于好了。

采用幽默的方式把话说出来，能够缓和当事人心中的不满和现场剑拔弩张的气氛，使其较容易接受幽默的劝解，大事化小，小事化了，矛盾纠纷便可以迎刃而解了。

让幽默为你的友谊添彩

如果朋友之间能够说说笑笑,用幽默话彼此调侃,友谊自然更富色彩。

家人天天见面,天天交流,而朋友不常见面,不常交流,但若每次交流、每次相见,都相谈甚欢,这样的友谊则能持久。

苏轼和黄庭坚既是师生,也是一对以诗文闻名于世的好朋友。有一次,他们一起讨论书法,苏轼说:"你近来的字虽愈来愈劲道,不过有的地方却显得太瘦硬了,几乎像树梢绕蛇啊!"说罢大笑。

黄庭坚说:"老师的批评一语中的,令人折服。不过,老师您的字……"

苏轼忙说:"你干吗吞吞吐吐,怕我受不了吗?"

黄庭坚于是大胆说道:"老师的字,铁画银钩,遒劲有力,然而,有时写得就像是石头压住的蛤蟆。"语音一落,两人都笑得前仰后合。

苏轼和黄庭坚两人在谈笑间互相磨砺,互相促进,增进了友谊。

朋友之间有矛盾是在所难免的,一旦双方产生了小矛盾,开个玩笑,说句逗趣的话,效果会比一本正经说道理更好。

老王和老张是一对好朋友,最近由于误会而产生了隔阂并断绝了往来。有一天,老王跑到老张家,进门便说:"老张啊,我今天是来唱'将相和'的。"老张感到很不好意思，忙接过话头说："要唱'将相和'也该我'负荆请罪'啊！"两人在笑声中握手言欢。

试想，老王与老张若不用这种说笑式交谈，那么要消除两人心中的隔阂则不知要费多少口舌，而且效果未必有这么好。

出其不意，用幽默制胜

面对别人的指责或挑剔时，出其不意地运用幽默的语言进行反驳，可以扭转不利的局势，化解尴尬的局面。

利用幽默出奇制胜，往往会使你的语言更有说服力，达到奇妙的沟通效果。

德国诗人歌德，有一天在公园里散步。在一条只能通过一个人的小道上，他迎面遇到了一个曾经对他的作品提出过尖锐批评的评论家。这位评论家高声喊道："我从来不给傻子让路！"

"而我则相反！"歌德一边说，一边满面笑容地让路。

歌德运用幽默战术，出其不意地将了对方一军，达到了"反败为胜"的目的。

有一条狗疯狂地向一个农夫扑去，农夫忍无可忍，用粪叉打死了那条狗。于是狗的主人将农夫告到法院，要农夫赔偿损失。法官说："你要是把叉子倒过来，用没有尖刺的那一头，不就没有这事了吗?"

农夫回答说:"您说得对,法官先生,要是那狗倒着向我扑过来,我会那样做的!"结果农夫被宣判无罪。

农夫在法庭上遇到急迫而又棘手的问题时,随机应变,以一句幽默的话使自己立于不败之地。

一个顾客在酒店喝酒,他喝完第二杯后,转身问老板:"你一星期能卖多少桶啤酒?"

"35桶。"老板得意扬扬地回答。

"那么,"顾客说,"我倒想出一个能使你每星期卖掉70桶啤酒的方法。"

老板很惊讶,忙问:"什么方法?"

"这很简单,只要你将每个杯子里的啤酒装满就行了。"

这位顾客的本意是指责老板卖的啤酒只有半杯,但他利用老板"唯利是图"的心理,设下一个"圈套",让老板不知不觉地钻了进去,巧妙地指责了老板的恶劣行为。

有一位绅士正在餐馆里进餐,忽然发现菜汤里有一只苍蝇。他扬手招来侍者,冷冷地说道:"请问,这小东西在我的汤里干什么?"在这种情况下,无论侍者如何解释、道歉,都只能受到尖锐的批评,甚至会引起顾客更大的愤怒。但是,幽默帮了他的忙,把他从困境中解救出来,使气氛得以缓和。侍者弯下腰,仔细看了半天,回答道:"先生,它是在仰泳!"餐馆里的顾客被逗得捧腹大笑。

恰当使用幽默不但让人愉快，还能扭转不利的局势，化解尴尬的局面。

幽默的魅力

幽默既能消除工作中的疲劳，又可以调节工作气氛，还能增进健康，松弛紧绷的神经。

一个幽默的领导，很容易受到周围人的欣赏与爱戴。

恰当的幽默对于领导者来说，具有以下神奇作用。

1. 幽默能够化解尴尬

幽默是化解尴尬、冲突的好方法。对于一个集体而言，适当的幽默不仅能稳定集体的情绪，还能避免一些冲突或不快场面的出现。

一次，英国前首相威尔逊在一个广场上举行公开演说。突然从听众中扔来一个鸡蛋，正好打中他的脸。后来，保安人员发现扔鸡蛋的是一个小孩。威尔逊得知后，先是指示保安人员放走小孩，后来马上又叫住了小孩，并当众叫助手记录下小孩的名字、家里的电话与地址。听众们都在心里想：威尔逊是不是要处罚小孩，于是开始骚乱起来。这时威尔逊要求会场安静，并对大家说："虽然他的行为不对，但是身为首相，我有责任为国家储备人才。那位小朋友从下面那么远的地方，能够将鸡蛋扔得这么准，证明他可能是一个很好的运动人才，所以我要将他的名字记下来，以便让体育大臣注意栽培他，使其将来成为我国的棒球选手，为国效力。"威尔逊的话把听众都说乐了。

2. 幽默能轻松地达到教育的目的

幽默式批评就是在批评过程中，使用富有哲理的故事、双关语、形象的比喻等缓解批评者的紧张情绪，启发被批评者思考，促进相互间的感情交流，使批评不但达到教育对方的目的，同时也能创造一个轻松愉快的气氛。

一位上司问自己的下属："马克思是哪国人？"这位下属想了一会儿说："法国人。"只见上司回答道："哦，马克思搬家了。"常识性问题都答不出，上司当然不快，但上司却采用了幽默的回答，不仅达到了批评教育的目的，也不会令对方尴尬。

我们如果在交往中掌握了幽默的技巧，就能巧妙地应付各种尴尬的局面达到良好的沟通效果。

第十章 迂回说服,让对方心甘情愿帮助你

未雨绸缪胜过临时抱佛脚

我们经常抱怨机会来得太突然而来不及准备，抑或紧急事件已发生，却不知道如何解决。平时缺少积累，临时抱佛脚是来不及的。所以，做到未雨绸缪，善养天机，就显得尤为重要了。

经验丰富的管理者杰克曾经对他的员工讲过这样一个故事：

随着石油价格的上涨和人们对环境问题的日益关注，美国的汽车工业出现了下滑趋势。这时很多的公司管理者没有仔细考虑，就轻率地做出了决定。汽车制造商的目标是赢利，而出售气派的大轿车显然比销售小型轿车赚的钱要多得多。当人们对小型轿车的需求日益增长时，这些管理者决定制造质量低劣的小型轿车，他们以为这样一来，消费者就会对小型轿车失去兴趣，从而像以前那样购买气派的大轿车。

但是他们忽略了一件事。他们忘记问自己：如果不提供满足市场需求的产品，会出现什么情况？由于没有把事情前前后后考虑清楚，他们就这样眼睁睁地让那些制造高品质小型汽车的外国公司占领了市场。外国汽车在一夜之间涌入了美国市场。

人们知道哪些汽车制造商能够满足自己的需要。有些消费者从此放弃了对美国汽车的偏爱，甚至有许多人从此不再问津美国汽车。随着时间的推移，这些外来的汽车制造商渐渐加强了在美国的销售力量，建立起自己的品牌形象，有的后来甚至在美国建起了自己的汽车制造厂。有这些坚实的基础做后盾，他们现在已经成为美国汽车行业一支举足轻重的力量。

与此同时，美国本土各家汽车公司的市场份额却持续下降，在那些公司工作的人也纷纷失业。

现在，比较明智的汽车公司已经开始改善这种做法，但他们要赶上先行者还需要付出很大的努力。

如果那些公司管理者当初就对事情深思熟虑，他们就会发现高质量小型轿车不断增长的市场潜力，进而去努力满足这种市场需求。这个故事说明了一个道理，做事情之前应先向自己提出必要的问题，从而做出更好的决定，比等到出现坏的结果后再去纠正那些糟糕的决定要省时得多。

鼹鼠是完全生活在地下的动物，它们擅长在地底挖洞，挖的不只一条，而是四通八达、立体网状的坑道。要挖出这样的坑道当然很辛苦，一旦完成，就可以守株待兔地等食物上门。同样在地底钻土而行的蚯蚓、甲虫等，常会不知不觉闯进鼹鼠的坑道中，被来回巡逻的鼹鼠捕获。鼹鼠在自制的网状坑道里绕行一周（有时要花上几个钟头），就可以抓到很多掉进陷阱的猎物。如果俘获的昆虫太多，吃不完的就先咬死，储藏起来。

鼹鼠的储藏是一种动物的天性，我们虽无须在家中堆满一年吃的食物，但是在很多事情面前，有准备、深思熟虑总是好的。

做事之前，我们应该思考到这样做的影响，下一步可能遇到的问题，以及应对的办法，只知其一不知其二是万万不可取的，不妨在行动前思考下面的问题：什么结果才能满足我真正的需要？如果我按照某个决定去做，可能会发生什么？然后呢？我害怕得到的最坏结果是什么？我能想到的最好结果是什么？如果面对这两种情况，我分别会怎样做？对我来说，这个结果说明什么？对别人来说，这个结果又说明什么？我有没有对事情深思熟虑？

下雨了再修屋子已为时已晚，生病了再想锻炼身体是事后诸葛亮，深思熟虑，防患于未然，才是我们要做的。

求人帮助前，说别人认同的话

要想说好让别人认同的话，就要时刻关心对方的需要，并且想方设法地满足对方的这种需要。只有立足于对方的需要，才能说出获得对方认同的话。

假如你丢了钱包，身无分文，向路人求助时，很容易想象他们脸上惊讶、害怕甚至有点儿怀疑的表情。在这个信用缺失的年代，我们很难相信一个陌生人的求助。所以，如果要获得他人的帮助，必须要获得他人的认同。

亨廷顿曾指出，不同民族的人们常以对他们来说最有意义的事物来回答"我们是谁"，即用"祖先、宗教、语言、历史、价值、习俗和体制来界定自己",并以某种象征物作为标志来表示自己的文化认同。在这里,认同不仅仅指的是文化和民族方面的认同,更重要的是信任感的认同。如果他人对你连起码信任都没有,又怎么会帮助你呢?

战国时,水工郑国受韩国派遣,到秦国探听情报,不料被秦国逮捕,准备处置。行刑前,郑国要求参见秦王嬴政。他身带重镣,被带到秦廷。秦王嬴政喝问:"奸细郑国,你承认有罪吗?"郑国说:"是的,我的确是韩国派来的奸细。我建议您兴修水利,确实是为了消耗秦国的民力,延缓韩国被吞并的时间。然而兴修水利,难道不是对秦国万分有利吗?"秦王嬴政想了想,觉得此言确实有理,郑国又说:"现在,关中水利工程即将竣工,何不让我将它完成,以造福万民呢?"秦王嬴政沉吟半晌,终于同意了他的要求。在郑国主持下,一项伟大的水利工程郑国渠终于完成了。

秦王嬴政的残暴是闻名于世的,想在他的刀口下活命都不容易,更何况得到他的支持?但由于郑国抓准了他的心理,取得了嬴政的认同,终于打动了他的心,不仅保住了性命,还得以完成了自己心目中的伟大工程。

信任感是认同的基础。如何获得他人的信任和认同呢?以下几点可供借鉴:

必须注意自我修养,善于自我克制;做事必须诚恳认真,建立起良好的名誉;应该随时设法纠正自己的缺点;行动要忠实可靠,做到言出必有信,与人交易时必须诚信无欺,这是获得他人信任的最重要条件。

勤奋刻苦,脚踏实地。夸夸其谈的人给人以不安全感,说得好不如做得好。时间一长,你的浮夸将被人看穿,恐怕肯向你伸出援助之手的人也就敬而远之了。

很多人能获得成功靠的就是获得他人的信任。今天,仍然有许多人对于获得他人的信任一事漫不经心、不以为然,不肯在这方面花费心血和精力。这种人可能用不了多久就要失败。

要获得他人的信任,除了要有正直诚实的品格外,还要有敏捷、正确的做事习惯。即使是一个资本雄厚的人,如果做事优柔寡断、头脑不清、缺乏敏捷的手腕和果断的决策能力,那么他的信用仍然维持不住。一个人一旦失信于人一次,别人就再也不愿意和他交往或发生贸易往来了。

人类仿佛有一种共同的心理,那就是,如果有人能使我们感到喜悦,即使事情与我们的心愿稍有相悖也不太要紧。求人帮助时,你要学会针对别人感情的弱点,与别人产生共鸣,只有这样,你的求助才能达到预期的结果。其实一件事情,能做的人是很多的,但智商水平很高的人往往却做不了,原因在于他们过于相信自己的智力,而忽略了对方的感情。

能博得他人的欢心,获得他人的信任,是求人帮助时必不可少的。要想做到这一点,首先一条就是要有一种令人愉悦的态度,脸上带着笑容,行动轻松活泼。无论你内心中是否对别人有好意，但如果人们从你的脸上看不到一点儿快乐，那么谁也不会对你产生好感。

软话更容易催人行动

倘若你能够站在别人的立场上，设身处地为对方着想，全面分析双方的利弊得失，适时地说一些软话，那么你便能够成功地打动对方的情感，从而达到自己的意愿。

由于说话态度不同，语言既可以成为建立和谐人际关系的强有力的工具，也可以成为刺伤别人的利刃。语言可以表现出一个人的人格。即使是语言比较笨拙的人，只要具有发自内心的关怀对方的心情，其心情就能在话语间充分流露出来。相反，如果没有发自内心的关怀的心情，即使用再多华丽的语言，也会被对方看穿。所以满怀真诚是最重要的。

在洽谈生意或求人办事时，应用真诚的说话态度，容易招人喜欢，被人接纳。入情入理的话，一方面显示说服者坦诚的态度；另一方面又尊重对方并为对方着想。这样无论在交易原则上，还是在人的情感上都达成了沟通，扩大了双方的共识，促使合作成功。

松下幸之助推销产品时碰到了一位杀价高手。他告诉对方："我的工厂是家小厂。夏天，工人在炽热的铁板上加工制作产品。

大家汗流浃背，却努力工作，好不容易制出了产品，依照正常利润的计算方法，应当是每件××元销售。"

对方一直盯着他的脸，认真地听他说话。当松下幸之助说完之后，对方展颜一笑说道："哎呀，我可服你了，卖方在讨价还价的时候，总会说出种种不同的话。但是你说得很不一样，句句都在情理之上。"

松下幸之助为什么会成功呢？其实，这在于他真诚的说话态度。他强调自己是依照正常的利润计算方法确定价格的。自己并无贪图非分之财之意，同时也暗示对方无讨价还价的余地。这就使对方调整角度，与其达成共识。

松下幸之助是一个煽情高手，他的语言充满了情感。他描绘了工人劳作的艰辛，创业的艰难，生产的不易，语言朴素、形象、生动，语气真挚、自然，唤起了对方切肤之感和深切同情。正如对方所说的，松下幸之助的话"句句都在情理之上"，接受其要求自在情理之中。

一个人是成功还是失败，一个人的命运是一帆风顺还是曲折不断，跟他的处世方式有着极大的关系。只要你会说话，将说话与处世的方法有机地结合在一起，就能建立良好的人际关系。真诚说话不应是一种技巧，而应是人在社会上的立身之本，在这种本位下，说出的每句话都是闪烁着朴实的光辉的，易于被人接受。

在我们与人交谈时，必须秉持着一颗"至诚的心"，不要流于巧言令色、油嘴滑舌，要根据时间、场所和对象的不同，将自己最好的一面通过"说话"表达出来，如此才能建立良好的人际关系，使自己融入群体之中。

许多年以来，奈佛先生一直想把燃料卖给一家大型连锁店。但是这家连锁店一直向外地购买燃料，运货的路线正是从奈佛先生办公室的门前经过。奈佛先生有一天在卡耐基的课堂上大发牢骚，并大骂这家连锁店。

当他向卡耐基说出自己的心事后，卡耐基建议他改变战略。首先，他们准备在课堂上举行一次辩论会，主题就是连锁店的广布，对国家害多益少。于是卡耐基建议奈佛先生加入反方，他同意了。由于要为连锁店辩护，奈佛便去拜访他大型连锁店经理，告诉他"我不是来推销燃料的，我是来找你们帮个忙"。他说清来意后，并特别强调："我来找你，是因为我想不出还有其他人更能提供给我事实。我很希望能赢得这场辩论，无论你提供什么给我，我都十分感激。"奈佛先生后来回忆说："我原先只要求这位经理拿出一点儿时间，所以他才同意见我。当我把事实说出之后，他指着一张椅子要我坐下，我们聊了一个多钟头。他还请来另一位主管——这位先生写过一本有关连锁店的专著。他觉得连锁店提供了最真实的服务，他也以自己能够为许多社区服务为荣。当他侃侃而谈的时候，两眼发亮，我也不得不承认他的确让我明白了许多事。他改变了我整个心态。

"在我离去的时候，经理陪我走到门口，用手揽住我的肩膀，祝我辩论得胜,并且让我再去看他,让他知道辩论的结果。最后,他对我说:'春天来的时候请再来看我,我很愿意向你买些燃料。'这真是奇迹,他居然主动提起买燃料的事。由于我对他们连锁店的关心,使他也转而关心我的产品,从而能在这两个钟头里,达成 10 年来所不可能达成的目标。"

倘若你能够站在别人的立场上,设身处地为对方着想,并且全面分析双方的利弊得失,语气亲切随和、态度真诚、不卑不亢、入情入理,那么你便能够成功地打动对方,从而实现自己的意愿。

求助时,话语中要避免过于功利

求人帮助时,要斟酌好说什么样的话,尤其是向亲朋好友求助时,话语中更要避免过于功利化。

人在社会上不可能孤立地生存,我们有亲人、有朋友、有同事,有千丝万缕的人际关系,同样,我们有欢乐、有痛苦,我们奉献爱心,有时也需要别人的帮助。向他人寻求帮助,不要显得太功利,否则会惹人反感。试想,如果一个很久未与你有联系的昔日同事,突然打电话请你帮他贷笔巨款,恐怕你感到的不仅是为难,心中还有极大的不悦吧?

俗话说:"在家靠父母,出门靠朋友。"多一个朋友多一条路。要想人爱己，己须先爱人。时刻存有乐善好施、成人之美的心思，才能为自己多储存些人情的债权。这就如同一个人为防不测，养成"储蓄"的习惯，这甚至会让我们的子孙后代得到好处。

　　有人说，人生如戏，工作单位是一个大舞台，演戏的人不仅要台上功夫过硬，台下也少不了查漏补缺，打点准备。只有台上台下配合默契、相得益彰，才能真正获得掌声与喝彩。很多"走红"的"演员"常会利用舞台外的时间进行相关活动，希望回到台上后可以讨些好处。

　　中国人串门落座之后常爱说"无事不登三宝殿"，言外之意是有事相求。其实这正是台下功夫不到家的一个明显例子。会唱台下戏的人常常"无事也登三宝殿"，平日很注意与人保持联系——哪怕是一个电话也好，让别人知道，他人在自己心目中占有一席之地，如果非到有事才找人，未免显得太过功利主义，惹人反感。八小时之外常到同事家做做客以加强联系沟通有无，看来还是必要的，但却要把握一定的分寸，懂得做客的学问。

　　在一次会议上，小王邂逅了一位久未谋面的老朋友。休会期间，他们热情地攀谈起来。聊着聊着，小王不禁对他抱怨起来："我打过很多次你的手机，但一直都是停机。你也是的，这么长时间，怎么也不跟我联系？"朋友嘿嘿一笑，从嘴里蹦出几个字："又没啥事儿。"

　　一日，小王接到了这位朋友的电话，心中一阵惊喜。电话接通后，朋友一开口便要小王帮他推销产品。说了一大套关于产品的介绍之后，朋友又开始给小王开出所谓的"好处费"。小王也并非不知道"朋友多了路好走"的道理，但就是这个电话，把他们的友谊击得粉碎。

这个故事就很说明问题，不要在需要帮助的时候才想起别人，朋友不是一日交的，关系不是一日确立的。

暗中智取，让他人无法拒绝

学会说话，从而使他人无法拒绝我们的请求。

一个法律系的教授告诉他的学生："当你盘问证人席的嫌犯时，不要问事先不知道答案的问题。"因为辩护律师如果不事先知道答案就盘问证人，会为他自己惹来很多麻烦，同样的情形也适用于向人求助时。因此，绝对不要问只有"是"与"否"两个答案的问题，除非你十分肯定答案为"是"。

例如，金牌销售不会问客户："你想买双门轿车吗？"他会这样说："你想要双门还是四门轿车？"

如果你用后面这种二选一的问题，你的客户就无法拒绝你。相反，如果你用前面的问法，客户很可能会对你说："不"。下面有几个二选一的问题：

"你比较喜欢3月1号还是3月8号交货？"

"发票要寄给你还是你的秘书？"

"你要用信用卡还是现金付账？"

"你要红色还是蓝色的汽车？"

"你要用汽运还是空运的？"

面对这样的提问，无论客户选择哪个答案，业务员都可以顺利做成一笔生意。你可以换个角度站在客户的立场来想这些问题。如果你告诉业务员你想要蓝色的车子；你会开票付款；你希望3月8日请汽运送到你家之后，就很难开口说："噢，我没说我今天就要买。我得考虑一下。"

养成经常这样说的好习惯："难道你不同意……"这样，在求助别人，想要借别人的力量成我们的事时，我们就可以脱口说出这样的话，让对方难以拒绝。

例如："难道你不同意这是一部漂亮的车子？""难道你不同意这块地可以看到壮观的海景？""难道你不同意你试穿的这件貂皮大衣非常暖和？""难道你不同意这价钱表示它有特优的价值？"此外，当客户赞同你的意见时，也会衍生出肯定的回应。

其实，在进行推销活动时，如果能及时问些需要客户同意的问题，将会产生特别的效果。

当某家的先生、太太和12个小孩共乘一辆车子上街买东西时，一位汽车的推销员问这位太太："遥控锁是不是最适合你家？"她通常会同意销售员的看法。

接着销售员继续说："我打赌你也喜欢四门车。"因为他们是个大家庭，他知道他们只能考虑四门车。而夫人会说："哦，是的，我只会买四门车。"在一连串对车子性能的探讨之后，这位先生猜想他太太有意买车，因为她对销售员的看法一直表示赞同。

如果你面对的是两个以上的客户或一群生意人时，先说服有支配权的那个人，是非常有效的方法——如此一来，其他人也会跟着点头同意。

其实，你在分析判断谁才是这群人的"领导者"之前，你就应该掂量掂量每个人的分量。一般情况下，"领导者"是唯一一个你需要说服的人。当你说服了他时，那么你的生意也就算成功了。

迂回委婉地说出你的需求

即使你向别人提出的要求是正当的，也要有技巧、迂回委婉地说出来，这样才会让他人更容易接受。

即使你向别人提出的要求是正当的，你也要讲究时机和技巧，不然将不会被人重视，甚至被理解为无理取闹。如果你认为你的薪水与你的能力没有成正比，想让你的老板给你加薪的时候，你会用什么样的方法提出自己的想法呢？你会随随便便地提出要求吗？聪明的你肯定不会这样做。有技巧地说出自己的要求,才会让他人更容易接受。

乔治是华盛顿储蓄银行的一名出纳,他就是采用迂回的方法挽回了一位差点儿失去的顾客。

"有位年轻人走进来要开个户头,我递给他几份表格让他填写,但他断然拒绝填写有些方面的资料。我从一开始就决定诱使他回答'是,是的',于是,我先同意他的观点,告诉他,那些他所拒绝回答的资料,其实并非非写不可。"

"但是,假如你碰到什么意外,是不是愿意银行把钱转给你所指定的亲人?"

"当然愿意。"

"那么,你是不是认为应该把这位亲人的名字告诉我们,以便我们届时能够依照你的意思处理,而不致出错或者拖延?"

"他再一次回答道:'是的。'"

"这个时候,他的态度已经缓和下来,知道这些资料并非为了银行而留,而是为了他个人的利益。所以,他不仅填写了所有资料,而且在我的建议下开了一个信托账户,指定他母亲为法定受益人。当然,他也填写了所有与他母亲相关的资料。"

在这个故事中,这个聪明的出纳一开始就让客户回答"是,是的",这样反而使客户忘了原来问题的所在,而高高兴兴地去做你建议的所有事情。所以,我们得到他人愈多的"是",就愈能为自己的意见争取主动权。推销商品也好,其他一切需要他人信服、支持的事情也罢,这一法则是很有效的。

曾经有一位年仅 25 岁的法国将军竟然能够使衣衫褴褛、饥肠辘辘的意大利军队听命于他。这到底是怎么回事呢？起初，他抓住了士兵们对衣食上的迫切需求，开始鼓励他们："我将把你们从这个衣不蔽体、食不果腹的世界带到一个最富足的地方去，在那儿，你们可以看到繁华的城市和富饶的乡村，你们可以过上衣食无忧、逍遥自在的生活。"在占领了一座重要城市之后，他又改变了说法，这时，他转而在士兵们的自尊心上下功夫，用热烈而优美的词句赞美他的士兵："你们是历史的创造者，当你们荣归故里时，你们的乡亲会热情地指着你们，说：看，他曾经服役于那伟大的英勇的意大利军队。"由于他总能够把军事计划和士兵们的欲望紧紧地联系起来，所以他的军队一直都支持他、效忠于他，英勇作战，义无反顾。他，就是拿破仑·波拿巴。

所以，当我们想要借助别人的力量时，如果不知道如何才能说服对方支持你，也没有想过要观察他的兴趣和思想，他怎么会支持和帮助我们呢？请不要毫无准备地闯入他的办公室，这种做法是非常不明智的，你不如在他的办公室外先考虑几个小时，然后再去敲门。

谈判专家之所以能解决棘手的问题，是因为他懂得有技巧地表达自己的意图。销售大王之所以能取得好的业绩，是因为他懂得有技巧的沟通。我们听听一个销售大王的经验：销售人员与客户之间的沟通有时表现为相互进攻，有时表现为各自坚守阵地，更多的时候，是进攻与防守的结合运用。

例如销售人员说："如果购买量达不到 100 箱的话，那就不能享受 8 折优惠。"（"100 箱的销售量"属于进攻行为，"8 折优惠"为防守策略。）客户说："如果这种产品的价格不能享受 7 折优惠的话，那我就只能选择其他产品。"（"7 折优惠"是进攻行为，"不购买产品"为防守策略。）

在进攻与防守策略灵活运用的各个沟通环节当中，销售人员应该学会掌控整个沟通局面，而不要让自己围着客户提出的种种条件团团转。要想掌控全局，在每次与客户沟通的过程中，销售人员都需要在关键问题上事先确定一个合理的底线，比如产品价格不能低于多少、不符合某种购买条件时不提供某种免费服务、客户最晚不能超过多长时间付清货款等。

主办第 23 届洛杉矶奥运会的重任落到了彼得·尤伯罗斯身上，他面临着一个非常重要的问题：必须把奥运会有关项目的赞助权销售出去，才能获得资金筹备奥运会。彼得·尤伯罗斯担心的事情是：如果这些"赞助权"不能被成功销售出去，或者销售费用太低，那么洛杉矶奥运会的顺利举行将会受到严重掣肘。为此，尤伯罗斯为饮料业赞助商投标时，设置了自己的心理底线——400 万美元，给媒体行业的电视转播权投标时，他又定了 2 亿美元的天价。在当时，这些价格都是前所未有的，当得知尤伯罗斯确定这样的价格底线时，很多商家都表示要放弃。然而，尤伯罗斯知道很多商家的声明都是一种策略，没有一个商家不希望自己能够获得奥运会的赞助权，只要他们有这样的实力，就一定会认真考虑的。

就这样，尤伯罗斯一次又一次地与各个行业的商业巨头在谈判桌上进行沟通，他游刃有余地周旋于各大商业巨头中间，和商业巨头们展开了形式多样的沟通和交流，而且他表现得相当灵活。但是每当涉及投标价格的讨论时，尤伯罗斯都表现得相当坚决，到后来，他甚至在价格方面已经不做任何解释了。

当尤伯罗斯在价格问题上几缄其口之时，各大商业巨头之间展开了明争暗斗。结果，尤伯罗斯从可口可乐公司那里得到了1260万美元，从美国广播公司那里得到了2.25亿美元。

在商场中，当你与他人进行谈判时，可以考虑尤伯罗斯的做法，确定合理的底线，进攻和防守兼而有之。向老板提出加薪也是同样的道理，在适当的时间说适当的话。

第一次世界大战后，美国总统威尔逊为了重建国际新秩序、组织国联而游说欧洲各国。他来到法国，非常清楚地知道、要说服法国这个欧洲大陆第一强国，就得先说服绰号"法国老虎"的克列孟梭。要让他同意国联的计划十分艰难，但威尔逊在经过深思熟虑后，还是决定与克列孟梭会晤。在交谈中，威尔逊首先提出了海洋自由的问题，因为这个问题是法国当时急需要解决的问题，接着他就提出了国联的计划，这个计划能够解决海洋自由的问题。结果，克列孟梭对组织国联的计划十分感兴趣，后来他终于支持成立国联。威尔逊之所以能够赢得"法国老虎"的支持，原因就在于他告诉克列孟梭国联可以满足他的某种需要。

在出席一个集会之前，我们会不会总是要先考虑到自己应该说些什么话？我们是否应该顺着对方的兴趣来表达自己的意见？是否能够顾及他的需求？

在向上级汇报之前，在见一位顾客之前，在与一个同事交谈之前，在召见一个下属之前，有多少人会真正考虑过对方的立场呢？孔子的学生子贡曾经问他："有没有一个字可以作为终生奉行不渝的法则呢？"孔子回答："其恕乎！己所不欲，勿施于人。"这里的"恕"是凡事替别人着想的意思。自己不喜欢做的事，不要强加在别人身上。我们可以把这句话看成为人处世的基本修养，如果你能够做到这一点，那么便可以建立良好的人际关系。"恕"的核心是用以己度人、推己及人的方式处理问题。这样可以造成一种重大局、尚信义、不计前嫌、不报私仇的氛围，以及成就双方宽广而又仁爱的胸怀。其实，对于日常生活小事的处理，又何尝不是如此呢？按照"己所不欲，勿施于人"的原则，反求诸己，推己及人，往往会有皆大欢喜的结果。

有句话是这样说的：人同此心，心同此理。人们的思想总是有着某种共同的规律，在获得他人支持的努力中，积极发掘这种共同的规律，寻找事物的关联之处，先自觉地解剖自己，再由己及人，以求得双方在思想上的共鸣。若要人敬己，必先己敬人，你敬人一尺，人敬你一丈。人际交往就是有这样的互补性报偿，报偿是一种自觉不自觉的社会动机，只有尽可能地尊重一个人，才能尽可能地要求一个人。

如果你求人办事,用尽了各种招数却仍遭到了别人的拒绝,此时你应该怎么办呢?

不要过分坚持。

对方既已拒绝,就必有原因,如果过分坚持自己的要求,不但会使对方为难,而且也使自己陷于进退两难。

不要过分追究原因。的确,任何人都想知道拒绝的原因,但是如果非问清原因不可,往往会破坏双方感情。

做任何事,眼光都要放长远、心胸都要宽广。

真挚的友情是长期培育建立起来的,也能经得起漫长岁月的考验。如果求之于人时,一好百好;事成之后,过河拆桥,一锤子买卖,友谊哪能长久?如此寡情少义,关键时刻,又怎能奢望别人的真诚相助?

当我们想求他人为自己办事时,不要总是想着自己的利益,我们也应该考虑一下他人的想法和可能的回应。

关键语句让对方点头同意

求人办事时,有时一大筐的求助话或许也没有一句话的威力大,因此,说关键性的求助话更容易让对方点头同意。

在人的一生中,有很多事情需要靠他人的帮助才能取得成功,在遇到急事、难事、不得不办的事情时,人们就像是一个不会游泳的人掉在深水里一样，哪怕是一根不足以救命的稻草，也会满怀希望地一把抓住。

我们在求人办事时，实际的利益比空口说教更有力量。在这个时候，不要有意无意地提醒人家你曾经给予过他的帮助和恩惠，要以谦虚的态度讲清利益关系，具体指出你的请求和合作对他有利的地方，从而使得对方乐意伸出援手。

每个人都应该掌握一些求人办事的说话技巧，把自己变成一个交际高手。在求人办事的过程中，想要说服别人帮你，用语就要精练，话不在多而在精。多则惑，少则明。尽人事，听天命，点到为止，言多必失。把每句话都说到别人的心里，这样才能达到事半功倍的效果。

我们常常听到有人抱怨道："现在办件事真难！"这关键在于有一些人天生就不善言谈，结果总让自己活在进退不能自如的紧张和压迫之中；有些人懂得说话的艺术，有一张好嘴巴，办起事来就游刃有余。

在求人帮忙时，有的人长篇大论，滔滔不绝，以此抓住听者的心，这自然令人钦佩；然而，有的人把自己的意思浓缩成一句话，犹如一粒沉甸甸的石子，在听者平静的心湖里激起层层波浪，与前者相比，更具说服力，更能让人接受。

一个真正聪明的人，常常会从人们意想不到的角度切入话题，使得对方在真心领悟之后，从心底腾起一片喜悦之情，营造出和谐的、充满意趣的氛围，这样自然就可以达到自己的目的。

人们常说:"一句话说得人跳,一句话说得人笑。"可谓道出了会说话与不会说话的区别。难也罢,易也罢,归根结底一句话:"话不在多而在精。"满嘴胡言,词不达意,恐怕说得再多也无济于事,反而让人生厌,别人也不会为你动容。做一个能说会道的人不是一件容易的事情,它需要技巧,只有掌握这个技巧,才能在求人帮忙时无往不胜。

需要特别强调的就是,语言表达要清晰,不要啰唆。反反复复要强调的事情,生怕对方听不明白或者漏过去,这样反而把重点冲淡了。回答问题也应该简单明了,不要喋喋不休,让求人办事的现场成为你自己的演讲论坛,别人当然不愿意帮你了。

任何事情都是人办的,但不一定任何需要办的事情都是由自己亲手操办的。所以办事的艺术也是处人的艺术。一个人若能在纷繁复杂的环境中随心所欲地驾驭人生局面,把不可能的事变为可能,最后达到成功之目的,那他就是个会办事的人,是个把握了办事分寸和艺术的人。

求人办事时,要能够准确地表达出自己的意思,每句话都能够说得合情合理,并且具有较强的说服力,这才是最为重要的。如果一个人经常词不达意,乱说一通,话说了一大堆,却没能起到作用,这样的话说再多也没有用。求人办事能否成功,关键靠你的口才。一个会说话的人,句句话都能说到别人心里,说服别人帮自己;而不会说话的人,就会显得语无伦次,表达不出自己想要表达的意思,不能很好地说服别人。

获得帮助后,不要吝于说感恩的话

正所谓:"滴水之恩当涌泉相报。"当别人给予我们帮助后,我们一定不要吝于说感恩的话。让别人觉得你是一个懂得感恩的人,那么当你再一次需要帮助时,别人会更愿意伸出援助之手。

中国人重感情,但是很多人又向来是不善于表达感情的,有的人甚至连"谢谢"都不会说。实际上,很多人不是不想表达他们的感激之情,只是不知道该如何开口,而只好选择了沉默。还有些人,他们充满感情地表达却让对方感到不自在。其实,表达你的感激之情并不是什么太难的事情,因为这样的表达总是让人感到愉快。"谢谢"能在一瞬间赢得一个人的好感,经常说"谢谢",不仅能赢得友谊和尊重,更能助人成功。

大学毕业后,小田进入了一家外资公司工作。当初和小田一起参加面试的还有一个同学,但最终只有小田一个人被录用了。

在面试过程中,小田和他的同学都给面试官留下了深刻印象。面试结束后,他们焦急地等待着结果。但两个星期过去了,他们仍然没有接到通知。"即使没录用,也该发封邮件、打个电话说一下啊。"在抱怨中,小田的同学放弃了等待,转而寻找新的工作机会去了。

同学的决定让小田产生了动摇,但思前想后,他还是有些不甘心。于是,小田按照面试官名片上的邮箱地址发了封邮件。在信中,他真诚感谢这家公司给了他面试机会,表示公司再有招聘指标仍将前去应聘。没想到,第二天,小田就接到了这家公司人力资源部的录用电话。

进入公司半年后,一个偶然的机会,小田问那位面试官:"能告诉我您当初录用我的原因吗?"面试官笑了:"你很有实力,但更重要的是,在所有求职者中,你是唯一一个写来感谢信的人,虽然那封信来得有点儿迟。"

"谢谢"有如此重要的作用,那么在日常交际中应该怎样说"谢谢"呢?

1. 直视对方

专家说,在互相注视的时候,交流通常比较容易进行。所以,表达感激的时候,最好是专注地注视着对方,这样你的话才显得是出于真心的,你的感情才显得真挚。

2. 态度要诚恳

一定要记住:表达感激不是表面文章,而是你真的要感激。这种感激应当是来自你的内心。所以,表达自己的感激之情时,一定要真诚。握住对方的手,发自内心的一句"谢谢",远比你长篇大论的展示语言技巧的演讲更能让人感动。

3. 表达要自然

表达感激之情时,你的话一定要清晰自然,不要吞吞吐吐,含糊其词,那样会给对方做作的感觉。你需要表达感激之情时,一定是别人做了对你有帮助的事,你是受益者,所以你的感情应当是充满快乐的。

4.用上对方的名字

在感激的时候，不要忘记加上对方的名字。"谢谢你！"和"谢谢你，小张！"的效果是完全不同的，尤其是你们并不是太熟悉的时候。

大多数人都有一个弊病，用人前好话说尽；事成后，半句问候也不言。让人觉得世态炎凉，伤透了被求者的心。求人办完事之后，也别忘了再道声谢，这是结尾处最圆满的一笔。如果事前卑躬屈膝，事后旁若无人，将会堵死你以后的路。

表示谢意，可以这样做：开门见山地表示谢意，"那件事多亏了您从中帮忙，如今都办成了，我特意感谢您来啦！"一句话，让对方心中阳光灿烂，话题由此发挥。少了些功利，多了份悠闲，彼此更容易沟通。还可以这么说，"您看，上次请您帮忙，没少了麻烦您，如今事情办得差不多了，我心里却总觉得过意不去。这不，今天过来跟您坐一坐，聊一聊……"相信，听了你的话，他的心会很快被你捕获。

社交中话怎么好听怎么说，事怎么得体怎么做。成功后的相处更能拉近彼此的距离。说不定你还常有意外收获。被求者感动之余，有时会不用你相求，主动为你解决困难。